LUIZ HOTA
7+1 PASSOS
PARA CONQUISTAR TUDO O QUE MAIS SONHOU

CARO(A) LEITOR(A),

Queremos saber sua opinião sobre nossos livros.

Após a leitura, siga-nos no **linkedin.com/company/editora-gente**,
no TikTok **@EditoraGente**, no Instagram **@editoragente**
e visite-nos no site **www.editoragente.com.br**.

Cadastre-se e contribua com sugestões, críticas ou elogios.

LUIZ HOTA

PREFÁCIO DE ROBERTO SHINYASHIKI

MAIS DE 100.000 ALUNOS EM 38 PAÍSES

ATENÇÃO DIRETO AO PONTO E SEM FRESCURA

7+1 PASSOS

PARA CONQUISTAR TUDO O QUE MAIS SONHOU

UM MÉTODO SIMPLES E RÁPIDO PARA TRANSFORMAR SEUS RESULTADOS *NO ATO!*

Gente
editora

Diretora
Rosely Boschini

Gerente Editorial Sênior
Rosângela de Araujo Pinheiro Barbosa

Editora Júnior
Natália Domene Alcaide

Assistente Editorial
Fernanda Costa

Produção Gráfica
Fábio Esteves

Preparação
Fernanda Guerriero

Capa
Thiago de Barros

Projeto Gráfico e Diagramação
Plínio Ricca

Revisão
Gleice Couto

Impressão
Gráfica Rettec

Copyright © 2023 by Luiz Hota
Todos os direitos desta edição
são reservados à Editora Gente.
Rua Natingui, 379 – Vila Madalena
São Paulo, SP – CEP 05443-000
Telefone: (11) 3670-2500
Site: www.editoragente.com.br
E-mail: gente@editoragente.com.br

Dados Internacionais de Catalogação na Publicação (CIP)
Angélica Ilacqua CRB-8/7057

Hota, Luiz
   7+1 passos para conquistar tudo o que mais sonhou : um método simples
e rápido para transformar seus resultados no ato! / Luiz Hota. - São Paulo :
Editora Gente, 2023.
   192 p.

ISBN 978-65-5544-340-0

1. Desenvolvimento pessoal 2. Sucesso I. Título

23-2534   CDD 158.1

Índice para catálogo sistemático:
1. Desenvolvimento pessoal

Nota: Este livro não descarta a necessidade de procurar um médico quando for preciso.

NOTA DA PUBLISHER

Numa das primeiras conversas que tive com Luiz Hota, ele me disse: "Rosely, eu quero ajudar as pessoas a construírem uma vida válida". Ele tinha o olhar obstinado e eu quis entender o que, para ele, isso significava. Ele me respondeu que estava determinado a mostrar para as pessoas como elas poderiam assumir o domínio de sua história, encontrarem o caminho autêntico e que as levaria para a realização que tanto almejavam pessoal e financeiramente. Ele acreditava que era possível criar um movimento que extrapolasse as ambições individuais e fizesse com que, coletivamente, o maior número de pessoas possível se transformasse em Superstars: realizadoras, prósperas e mais felizes.

À frente da Editora Gente nessas últimas quatro décadas, eu sempre digo aos autores que nós comungamos da missão de provocar uma revolução. E este livro em suas mãos traz as ferramentas para que você, meu caro leitor e minha cara leitora, assumam o seu posto neste sonho também.

Desde o começo de sua carreira, Luiz, fundador da maior comunidade de *traders* da América Latina, nunca fugiu do campo de batalha na vida e nos negócios. E com uma abordagem sem rodeios, prática e definitiva, ele abre aqui como você pode transformar até mesmo as situações mais desafiadoras em ferramentas para o seu fortalecimento.

Como ele diz, cada um de nós é responsável pelas próprias conquistas. Nas próximas páginas, ele faz a você a mesma provocação que o fez mudar o rumo de sua vida: *"Se você não está feliz, você não pertence ao lugar em que está. E a mudança só depende de você"*.

Depende de você mergulhar neste livro disposto a fazer de tudo, determinado a dar certo e a usar os princípios que Luiz Hota generosamente compartilha como estratégia para tornar a sua vida autêntica e válida.

Boa leitura!

Rosely Boschini
CEO e Publisher da Editora Gente

DEDICATÓRIA

Para Juliana e Arthur, a quem chamo carinhosamente de Jú e Tutu, que são o motivo de tudo.

Jú, minha amada esposa, para você que está presente em cada passo de toda a minha caminhada, para realizar todo e qualquer sonho.

Tutu, meu querido filho, fonte de inspiração diária, que me obriga a ser hoje um ser humano muito melhor do que ontem e que me permite aprender, cada vez que divido com você tudo o que sei.

Não há palavras suficientes para expressar o quão importantes vocês são em minha vida e como vocês me inspiram todos os dias. Desde que entraram na minha vida, tudo mudou para melhor. Vocês são a minha fonte de amor, força e coragem.

Jú, você é a minha companheira de vida, minha melhor amiga, meu amor eterno. Você me inspira com sua determinação, coragem e bondade. Obrigado por ser minha parceira em todas as aventuras e por sempre me apoiar em todos os momentos.

Tutu, meu filho, você é minha luz, a minha alegria de viver. Você me inspira com a sua curiosidade e espontaneidade. Ver o mundo através dos seus olhos me faz querer ser um homem melhor, para que eu possa ser um bom exemplo para você.

Juntos, vocês são a minha família, minha maior fonte de inspiração e motivação.

Obrigado por me amarem incondicionalmente e por me fazerem sentir completo.

Eu amo vocês mais do que as palavras podem expressar.

Com todo o meu amor,

Luiz Hota

AGRADECIMENTOS

Tudo que você lerá nesta obra fez parte de meu caminho e foi tirado tanto de minha experiência como do estudo da vida de muitos vitoriosos. Estou profundamente grato por todo o apoio que recebi durante a jornada para escrever este livro. Sem a ajuda e o apoio de muitos, eu não teria sido capaz de chegar até aqui.

Dou início agradecendo a todos os mentores que direta ou indiretamente me guiaram a modelá-los, bem como aos meus sócios de vida, Carlos e Vica – que impulsionaram essa conquista –, além dos meus parceiros, que sabem como me inspiro em seus resultados e confiança.

Não posso deixar de agradecer a Juliana, minha esposa, e Arthur, meu filho, pois são o motivo de minha ação e participaram arduamente desse meu processo de autoconhecimento rumo ao topo. Não é fácil conviver com um insatisfeito, pois ele deixará o ambiente sempre mais desafiador. Também quero agradecer aos meus amigos e familiares, que sempre me incentivaram. Seus elogios e palavras de encorajamento foram as melhores recompensas que eu poderia ter recebido.

Não poderia deixar de agradecer aos meus editores, que me guiaram e me ajudaram a moldar minha visão em algo palpável que pudesse ser compartilhado com o mundo. Suas sugestões e críticas construtivas foram inestimáveis para o sucesso deste livro. O meu muito obrigado a Rosely, CEO da Editora Gente, pela paciência e dedicação, assim como toda a equipe, que com muito carinho e profissionalismo fizeram esse sonho virar realidade.

À minha equipe de pesquisa, meu muito obrigado por todo o trabalho árduo e pela dedicação incansável para encontrar as informações mais precisas e relevantes para este livro.

Confesso agora sentir um orgulho imenso ao ver este livro terminado e saber que um leitor inveterado, como eu, que conquistou muito por meio do hábito da leitura, pode estar do outro lado, dividindo conhecimento e experiência.

Por fim, meus sinceros agradecimentos a você, que está com estas páginas em mãos, em uma prova de fé no que tenho a dividir. Você, leitor, é em muito a razão pela qual eu tomei a iniciativa de escrever o meu primeiro livro. Espero que eu possa inspirar, educar e entreter você.

Mais uma vez, muito obrigado a você. Este livro é tão meu quanto seu.

AGRADECIMENTOS

Prometo que, a partir de agora, esta leitura vai transformar você para melhor, no ato.

Com gratidão,

Luiz Hota

SUMÁRIO

17   PREFÁCIO

27   INTRODUÇÃO

43   1. O SENTIMENTO DE ESTAR SEM RUMO

53   2. SERÁ QUE AINDA DÁ TEMPO?

65   3. O BEM QUE PODE FAZER O DESCONFORTO

83   4. COMO QUEBRAR O CICLO DE UMA VIDA MEDIANA

OS 7 FUNDAMENTOS

93

O PASSO DECISIVO É O HÁBITO

135

O PRIMEIRO PILAR: CORPO

145

O SEGUNDO PILAR: MENTE

155

O TERCEIRO PILAR: BOLSO

167

CELEBRAÇÃO

179

MENSAGEM FINAL

187

PREFÁCIO

"O futuro a Deus pertence!" Escutei essa frase muitas vezes em minha infância.

A vida traz tantas surpresas, tantos mistérios, que nunca sabemos como vamos encontrar uma pessoa amanhã ou depois. Quem hoje ocupa determinada posição social pode estar, daqui a seis meses ou um ano, em uma situação diferente. E a beleza da vida está justamente nisto: nas incertezas que o tempo nos reserva.

Você já imaginou como a vida seria aborrecida se apenas a lógica prevalecesse? O filho do pobre seria sempre pobre; e o do rico, sempre rico, porque frequenta as melhores escolas, tem os melhores professores e todo o tempo do mundo para estudar. A empresa com nome e capital seria a líder do mercado. Os times com o melhor elenco sempre ganhariam o campeonato. O executivo de educação refinada seria sempre bem-sucedido na carreira e teria as melhores oportunidades.

A delícia da vida é o seu mistério, que apronta uma surpresa à lógica todos os dias; que destrói as previsões dos analistas mais competentes; que faz com que aquele aluno desprezado pelos professores se torne um Einstein; que transforma uma pequena empresa, prestes a fechar depois de alguns anos de existência, na gigante do seu setor; que faz com que um time sem grandes nomes se supere e ganhe o rótulo.

Para que consigamos construir o futuro que almejamos, é fundamental ter a coragem de parar de repetir padrões viciados que nos levam ao fracasso. Há uma história que ilustra bem isso:

Dois pescadores fretaram um avião para levá-los a um rio no meio de uma floresta. Algum tempo depois, o piloto voltou para buscá-los. Olhando o resultado da pesca, observou:

— Este avião não aguenta mais que dois pirarucus. Vocês vão ter que deixar os outros dois aqui.

— Mas o piloto do ano passado aceitou levar os quatro! — reclamaram.

O piloto, sem graça, concordou então em levar os quatro peixes gigantescos.

Logo depois de decolar, entretanto, o avião não pôde ganhar altura e se espatifou no solo.

Os pescadores, muito machucados, conseguiram descer e olharam ao redor. Um perguntou para o outro:

— Onde será que nós estamos?

— No mesmo lugar onde caímos no ano passado.

Lembre-se: o futuro é resultado, o futuro é a colheita do que você plantou e está plantando. E esse futuro dinâmico não respeita sobrenome. Sucesso no passado não é garantia de vitórias no futuro. Então, o que vai acontecer daqui a dez anos será consequência de algo que você está fazendo hoje. Se está criando uma vida solitária, é inevitável que, no fim, esteja sozinho. Se está criando hoje muito desperdício, é provável que no futuro esteja pobre. Se, ao contrário, está fazendo amigos, certamente terá com quem compartilhar a vida, gente que goste de você, que lute a seu lado.

O futuro vai sendo construído a cada decisão que você toma na vida. Todos os dias estamos dizendo sim ou não às oportunidades, às situações que se apresentam. É a qualidade do "sim" e do "não" que você diz hoje que definirá como será sua vida amanhã.

Algumas pessoas têm sido capazes de construir um amanhã em que sucesso e felicidade estarão integrados como uma força única. São aquelas que conseguem integrar competitividade com humanismo.

Esses são os que o empresário Luiz Hota chama de Superstars. Ele mesmo é um grande exemplo de Superstar, porque veio de uma família muito simples e construiu um império empresarial sem perder de vista a importância de evoluir permanentemente, sempre acreditando que o mais importante é ajudar milhares de pessoas a transformarem sonhos em realizações.

QUEM SÃO OS SUPERSTARS DESTE LIVRO DO HOTA?

A ideia de ser um Superstar é uma chamada para a ação inspiradora, que encoraja as pessoas a viverem a vida de maneira grandiosa e significativa. Os Superstars não pensam como os caiçaras que pescam o suficiente para sobreviver, que guardam 1 quilo para a família, conseguem uns trocados com a venda do restante, e mais um dia foi vivido. Esses pescadores estão, cada vez mais, perdendo espaço para os barcos profissionais, para a criação de peixes e de camarões.

Os Superstars não pensam apenas em lucro, em seus resultados e interesses, pois os que assim agem estão cada vez mais sozinhos, amargando infelicidade e colhendo resultados pouco proveitosos.

Eles são capazes de integrar o sucesso com a felicidade. A mente do novo milênio é cada vez mais integrativa. O cérebro vai integrar a criatividade com a sistematização, a intuição com a análise de dados.

Precisamos acabar com a mentalidade de açougueiros, de cortadores, de separadores. Temos de começar a integrar. O interesse do empresário não é diferente do interesse do colaborador, e eles precisam ser integrados.

Dinheiro e espiritualidade não são inimigos. Os dois devem ser complementares, pois viver apenas para o dinheiro escraviza as pessoas, e só espiritualidade se transforma em fome e miséria.

Sexo sem amor é simplesmente uma descarga. É como um espirro: cria um alívio, uma sensação de bem-estar momentâneo, mas não constrói nada. E uma relação amorosa em que há apenas afeto, que esquece a entrega sexual, com certeza também fica incompleta.

Os Superstars são capazes de conciliar o trabalho e a família. Os donos de negócios do passado criavam o sucesso a qualquer preço. Destruíam sua vida, a do cônjuge e a dos filhos. Mas os Superstars conseguem

PREFÁCIO 21

combinar a vida pessoal e a felicidade individual com a do grupo.

Os donos do passado tomavam decisões com base na incompetência. Assim, aqueles que tinham incapacidade de amar optavam pela solidão. Esta não lhes dava o amor que queriam, mas resolvia a insatisfação momentânea. Os donos do passado permaneciam em um casamento sem amor, ficavam anos em uma empresa sem prazer, sem motivação, porque tinham medo de não conseguir novo emprego.

Hoje, a decisão deve ser *por* amor. Quem é Superstar vai atrás do amor. Trabalha para aprender a amar, para encontrar uma pessoa com quem valha a pena crescer. Não tem preguiça de aprender a amar, a mergulhar. Sua opção é pela vocação, pelo respeito a si mesmo. Seu desejo é trabalhar em uma empresa na qual sinta prazer e possa construir algo de que se orgulhe.

Os jovens que vêm chegando não estão mais dispostos a alcançar o sucesso a qualquer preço. Querem o sucesso na sua vocação, no seu chamado, na sua missão. Mas também querem paz. Momentos de quietude que os levem à paz, à qualidade de vida.

Mas não adianta viver trocando de relacionamento amoroso, de emprego e de profissão se não se desenvolve a competência, a capacidade de ir atrás, de construir o futuro, de realizar as coisas em que se acredita.

Nos supermercados, tudo está ficando descartável. E muitas pessoas querem tratar os outros como se fossem coisas sem importância. Gente não pode ser descartável. Não é possível viver no estilo "usou, joga fora". Gente é diferente! Até o lixo hoje é reciclável. Como existem aqueles que imaginam usar os funcionários enquanto servem para depois os descartar?

Precisamos desenvolver uma nova maneira de viver. Temos de entender que, para transformar esses sonhos em realidade, o primeiro passo é saber que sozinho não se consegue nada. É preciso trabalhar juntos, crescer juntos, aprender a fazer parte de um time, seja no trabalho, seja em casa.

Algum tempo atrás, eu trabalhava com um atleta muito talentoso que disputaria uma vaga nas Olimpíadas, mas avesso ao trabalho em grupo. Em determinado momento, sentindo que esgotara todos os recursos técnicos na conversa, perguntei a ele:

— Qual é o maior sonho da sua vida?

— Roberto, toda a minha vida me preparei para ir a uma Olimpíada, e esta é minha última chance. Meu maior sonho é participar dos Jogos Olímpicos.

— Pois bem, até no céu você pode entrar sozinho, mas, se quiser ir a uma Olimpíada, você só chegará lá se for com o seu time! — argumentei.

É claro que não acredito que alguém entre no céu sozinho, mas tenho absoluta certeza de que ninguém vai a uma Olimpíada sozinho. Nem os atletas de esportes individuais. E o mesmo é válido para todos nós: se quisermos ir aos Jogos Olímpicos, teremos de ir com o nosso time. Independentemente do que isso signifique para cada um de nós!

Em minhas palestras, é comum que grandes empresários me perguntem se algum dia as pessoas de sucesso poderão trabalhar menos. Sempre respondo: "Sim, quando aprenderem a trabalhar em equipe".

PREFÁCIO   23

Sem equipes competentes, tirar férias é um sonho impossível. Sem equipes integradas, fica muito complicado fazer avançar os projetos. Ou até se consegue realizar os planos, mas pagando-se o preço de estourar as coronárias aos 40 anos.

Lembre-se: de todas as equipes das quais você faz parte, a mais importante é a família. Ela é a empresa mais importante da vida. A empresa em que a moeda não é o dinheiro, e sim o amor. A família é um porta-aviões de onde as pessoas saem para voos mais ousados. Quando a base é fraca, o voo é inseguro.

Qualquer engenheiro pode calcular a altura futura de um prédio com base no tipo de fundação que ele tem. Assim como um prédio, nós também assentamos nossa vida e carreira sobre uma fundação: os valores do indivíduo e sua família. Observe o que acontece com a carreira de um executivo quando ele está passando por uma separação litigiosa.

Apesar disso, muita gente ainda acredita que pode alcançar o sucesso e a felicidade esquecendo-se da família. Há também aqueles que falam da importância da família, mas sua realidade é bem diferente: eles nunca estão presentes nos jogos dos filhos, não conversam com a orientadora educacional da escola das crianças, nunca têm tempo para jantar fora com o cônjuge ou, pior, estão sempre cansados quando chegam em casa.

Imagine que a sua casa é uma empresa. Que nota daria a um funcionário como você? Será que você não seria demitido da sua empresa se sempre chegasse atrasado?

Se prometesse e não cumprisse? Se quisesse sempre ter razão nas discussões?

Competência, planejamento, determinação, espírito de equipe e amor são qualidades essenciais para ser um Superstar. Significa que devemos nos esforçar para alcançar nossos objetivos com coragem, determinação e excelência em tudo o que fazemos. Mais do que isso, é pela busca de nossos próprios objetivos e ambições que podemos inspirar e motivar outras pessoas a alcançarem as próprias metas. Tornamo-nos referência, deixamos um legado, temos um impacto positivo na sociedade.

Adoro viver neste momento, porque o mundo exige que cada pessoa seja digna da espécie humana. Não podemos mais viver olhando para trás, acomodados no passado. Os Superstars vivem em permanente evolução, como um verdadeiro ser humano deveria viver. Este é um mundo em constante mudança, que exige evolução. Exige que vivamos como seres completos, que sabem unir sucesso e felicidade no trabalho, em casa, com o cônjuge, os filhos e os amigos.

É deste tema que Luiz Hota vai tratar neste livro: a sua transformação em um "fora de série", um Superstar capaz de materializar sonhos. Nestas páginas, você vai encontrar um método simples, mas poderoso, para ter resultados sem ter de vender a sua alma.

Deixe-se guiar pelo Luiz nesta obra e desafie-se a sair da sua zona de conforto e a alcançar o seu potencial máximo. Busque viver uma vida com propósito e significado e deixar um legado duradouro. Parece algo impossível de ser alcançado, mas a sua vida épica está aguardando você ao final da leitura. Você está pronto?

Com afeto,
Roberto Shinyashiki

INTRODUÇÃO

Direto ao ponto e sem frescura, essa é a promessa que deixei na capa deste livro, pois ela exemplifica com perfeição como esta obra foi pensada e escrita. Estas não são páginas motivacionais, mas, sim, um passo a passo para ser seguido na busca de uma vida plena. Todas as histórias que você verá aqui são reais e fontes de estímulo para modelarmos os grandes nomes que chegaram ao topo de suas potências e são admirados por todos.

Atenção: Este livro é para homens e mulheres que sonham em construir uma vida épica. Pessoas que querem não apenas ter sucesso pessoal e financeiro, mas ser reconhecidas pelo mundo, tornando-se inspiração para um movimento que seja muito maior do que elas mesmas. Se esse for o seu caso, prepare-se porque temos muito a conversar.

Não tem como negar: o mundo valoriza aqueles que são realizadores, que entregam e assumem a responsabilidade para si de fazer as coisas acontecerem, em vez de contarem com a ajuda de terceiros, como governo, patrão, funcionários, clientes, entre outros. Pessoas realizadoras são bem-sucedidas, prósperas e felizes justamente porque têm atitude determinante diante da vida. Realizadores ajudam os outros a não falharem. No entanto, muitas vezes entramos em um *looping* de só entregar o que nos pedem e esquecemos que, antes de mais nada, precisamos entregar o que faz sentido para *nós, para nossos objetivos; somente assim teremos força para auxiliar quem precisa, quando atingirmos nossa melhor versão possível.*

Já os perdedores frequentemente colocam a culpa pelos seus fracassos em outras pessoas ou circunstâncias externas, em vez de assumir a responsabilidade pelas próprias escolhas e ações. Eles podem culpar os chefes, colegas de trabalho, amigos ou familiares, ou até mesmo a sorte ou o destino. Ao fazer isso, perdem a oportunidade de aprender com os próprios erros e de melhorar suas habilidades e estratégias para alcançar seus objetivos. Tornam-se vítimas das próprias crenças limitantes e permanecem presos em um ciclo de autocomiseração e falta de realização. Para alcançar o sucesso, é necessário assumir a responsabilidade pelas próprias escolhas e ações, aprender com os fracassos e buscar soluções criativas para superar os obstáculos.

A virada de chave para alcançar o que quiser se inicia com a decisão de você se tornar um realizador dos seus projetos, das suas metas. Neste momento, porém, talvez você esteja pensando que está muito longe de conseguir isso; que, por mais vontade que tenha, a rotina, as pressões sociais, a falta de apoio de outras pessoas minam sua capacidade de ir lá e fazer. Eu entendo isso, mas quero propor um desafio.

Não sei se você já escutou uma história como: um menino do interior, que passou necessidade durante toda sua infância e possuía sérios problemas financeiros e familiares, tenta a vida arriscando-se em outro ambiente e falha drasticamente por muito tempo. Depois de um longo e árduo caminho ao fundo do poço, de repente, tudo começa a mudar. A sorte lhe sorri e, então, ele passa a colher os frutos de seu trabalho e empenho. As pessoas o admiram e o imitam, ao ponto de ele se tornar um verdadeiro sucesso, com fãs pedindo fotos, autógrafos e até dinheiro!

Essa é a jornada do herói. Modelos de inspiração e de exemplo para todos nós, capazes de mostrar que é possível fazer a diferença positiva no mundo.

Perceba que acabei de descrever a história de muitas das pessoas que você admira e até segue – de Jesus Cristo, Harry Potter até seu *instagrammer* favorito. Mas por que isso ocorre? O que será que eles têm que são capazes de levar as pessoas a os seguirem?

"Se uma pessoa comum, como eu, pode alcançar o sucesso, então qualquer pessoa pode." Essa citação de Conrad Hilton, fundador da rede de hotéis Hilton, é um lembrete poderoso de que o sucesso não é reservado apenas para as pessoas extraordinárias, mas também para aqueles dispostos a trabalhar duro e perseverar em busca de seus objetivos. Independentemente de onde você esteja na vida agora, é possível alcançar seus sonhos se você se dedicar a eles com paixão, esforço e compromisso. Lembre-se de que cada pessoa que você admira começou com um sonho, e o que os diferenciou foi sua determinação em perseguir esse sonho com todo o coração. Não importa o quão difícil pareça, manter a visão em mente e trabalhar diligentemente também pode levar você a alcançar seus objetivos.

Quando estava preparando este livro, pensei por um bom tempo em iniciá-lo com uma história famosa, com um exemplo que pudesse motivar o leitor a enxergar que, se a pessoa menos provável do mundo conseguiu, você também consegue. Ao começar a escrever, porém, me veio outra ideia: *as histórias que todos gostam de ouvir são sempre as mesmas, então por que contá-las de novo, ao contrário de explicar como foram feitas?*

Somos seres sociáveis, e essa característica foi a grande chave de estarmos no topo da cadeia evolutiva. Segundo Yuval Harari, em seu best-seller *Sapiens: uma breve história da humanidade*,[1] desde os primórdios da humanidade, os *Sapiens* fizeram uso de histórias para se comunicar e transmitir conhecimento de geração em geração. Isso os ajudou a criar uma compreensão compartilhada do mundo e a cooperar em grande escala, fazendo-os trabalhar em conjunto para atingir maior êxito em cada tarefa. Para Harari, o storytelling foi, portanto, uma das principais razões pelas quais o ser humano foi capaz de dominar o planeta. Se pensarmos por um instante, chegaremos à conclusão

---

[1] HARARI, Y. N. **Sapiens**: uma breve história da humanidade. 26. ed. Porto Alegre: L&PM, 2017.

de que ele tem razão. A maneira como somos educados em casa, o modo como a religião nos mostra suas crenças, a maneira como imaginamos o sucesso, tudo é *fruto* de histórias contadas por alguém, e há um método nisso. Para Harari, o que define os seres humanos é a crença, e uma história convincente ajuda muito. Poder criar a própria história – e dela extrair um belo storytelling – é *a diferença entre uma vida plena e valiosa* e a amargura do não conseguir.

Harari, porém, também aponta para o perigo das histórias, pois, segundo ele, podem ser usadas para manipular e controlar as pessoas, provocando divisões e conflitos sociais. É possível exemplificar essa ideia por meio da analogia entre bananas e dinheiro: este último, assim como as histórias, é uma invenção humana que só tem valor porque assim acreditamos. As histórias que contamos uns aos outros influenciam nossas crenças e nossos valores, e podem ter um impacto significativo em nossas ações e escolhas.

Histórias religiosas, por exemplo, *têm sido usadas por séculos para moldar crenças e comportamentos de pessoas em todo o mundo*, assim como as narrativas políticas e ideológicas, que também podem ter um impacto profundo na sociedade.

No entanto, Harari argumenta que, em última análise, as histórias que contamos são apenas construções humanas. Elas não são verdades objetivas, mas interpretações subjetivas da realidade. *É* importante que sejamos críticos em relação *àquilo* que nos contam e ao que contamos uns aos outros, pois, quando estamos mais conscientes das histórias que moldam nossa vida, tomamos decisões mais informadas sobre como queremos viver. Além disso, se somos capazes de contar histórias convincentes e cativantes, influenciamos positivamente a sociedade e ajudamos a criar um mundo melhor para todos. Perceba que o autor afirma que contar uma boa história é uma ferramenta de nos diferenciar e dominar o ambiente que frequentamos. No papel de inventores das regras desse jogo, como perdê-lo, sendo que nós mesmos criamos essas regras?

Ainda em sua obra, Harari salienta que somos como um algoritmo: reagimos em tempo real e tomamos decisões mediante cálculos e premissas, sem que necessariamente analisemos em detalhes determinada situação. Ele dá o exemplo de um babuíno que decide se vai ou não atrás de bananas, enquanto percebe que há um leão próximo a elas. Diversas variáveis afetam a decisão dele, como: quantas bananas são? Elas estão verdes ou maduras? A distância até elas é grande ou pequena? O babuíno está com muita ou pouca fome? Assim, *há uma análise de risco e retorno* a fim de que ele decida se vale ou não buscar o alimento e enfrentar o predador.

Nesse exemplo, existe também uma definição de sobrevivência; um risco máximo de vida. No entanto, e quando o prêmio deixa de ser a vida e passa a ser algo tão subjetivo quanto dinheiro? Como Harari descreve (e conforme já mencionado aqui), dinheiro – moeda fiduciária, tal qual conhecemos hoje – é simplesmente uma crença humana sem nenhum valor absoluto. O grande ponto é que podemos trocá-lo por bananas quando desejamos. Mas e se a troca fosse proposta a um babuíno? Se ele pudesse falar, diria: "Você está me

INTRODUÇÃO 33

tirando de humano?". Aqui fica claro o quanto podemos alterar os valores e resultados de uma vida simplesmente utilizando o storytelling e as crenças, sejam elas quais forem e para quais objetivos tenham sido implantadas.

Como podemos afirmar que uma pessoa que posta foto de carros de luxo, viagens fantásticas e relacionamento forte e feliz é realmente mais realizada que a média? Simples: basta aprender, por meio de storytelling, que alguns padrões se encaixam no algoritmo relacionado a felicidade e plenitude, enquanto outros não. No entanto, como somos apenas uma pequena parte dos seres vivos, o que significaria para os demais esse nosso algoritmo? Como isso melhoraria a vida de uma planta, por exemplo? E como utilizar o funcionamento dessa característica a nosso favor?

Enquanto escrevo este livro, estou em Roma, na Itália, a duas quadras do Coliseu, junto de minha esposa e de meu filho, em um apartamento que nem sequer sonhava em morar algum dia da minha vida. Isso depois de ter vivido, neste mesmo ano, no Brasil, no Uruguai, nos Estados Unidos, no Japão, na Inglaterra, em Portugal, na Indonésia e assim por diante.

Estas páginas não são sobre mim, são sobre você, mas estou contando esse detalhe para que entenda que tudo aquilo que vou compartilhar aqui eu apliquei na minha vida, além de ter ensinado a milhares de outras pessoas que participam dos meus programas e treinamentos.

O fato é que ter essa liberdade geográfica, de tempo e dinheiro exigiu muito suor. O sucesso tem um preço e eu não estou aqui para enganar você.

Como o menino da história, eu também vim do interior. Minha família era bem humilde, do Paraná, tinha poucas condições financeiras, mas eu sempre fui rico. Estava pobre por um momento; no entanto, ser e estar são coisas bem diferentes, não é mesmo? Contrariando todas as probabilidades, consegui entrar na faculdade de Odontologia na Universidade Federal do Paraná, mesmo vindo de colégios públicos – o que, claro, já afetava minhas chances. Desde cedo, fui treinado a assumir as responsabilidades e entender que tudo era passageiro na vida, mas, quando atingisse o topo, este seria perene.

Vivi de favores com familiares por toda a faculdade, mas, por mais carinho que eles possam ter tido, nunca me senti em casa. Para custear os materiais do curso e meu dia a dia, tive de criar uma maneira de gerar renda mesmo sem poder trabalhar, pois meu curso era integral e não deixava tempo livre para isso. O conhecimento de empreendedorismo e a fome de vencer me levaram a criar estratégias para fazer uma grana extra. Eu negociava os materiais para toda a minha turma de faculdade com um desconto para eles, ao mesmo tempo que livrava meu material – e ainda me sobrava um pouco para os custos do dia a dia. Isso me fez descobrir que estaria a salvo em qualquer situação da vida, pois sabia me virar muito bem.

Ao me formar, ainda na noite de colação, todos estavam em festa. Eu era o orador da turma e o mais novo desempregado do mercado, carregando uma dívida recém-feita em doze parcelas para custear a festa. Como a sorte ajuda os inconsequentes, ainda no baile uma amiga me convidou para substituí-la em uma

INTRODUÇÃO 35

clínica na região de Curitiba. Tal qual um passe de mágica, me tornei sócio dessa modesta clínica já no primeiro mês, pois meu resultado foi incrível. Em alguns meses, abri uma nova unidade; em poucos anos, tinha dezenas de clínicas, além de uma distribuidora de produtos médicos, odontológicos e centenas de funcionários. Cheguei à crista da onda, onde sempre sonhei estar.

Naquele momento, todos me admiravam, mas meu despreparo e inexperiência fizeram esse negócio ir à bancarrota. Na realidade, em meio a uma crise de liquidez – jeito bonito de dizer "falta de grana"–, tive a oferta de um grande fundo de investimento interessado em adquirir meu negócio. A proposta me traria paz, pois quitaria todos os passivos, além de me deixar com o bolso cheio por muito tempo. No entanto, havia um pequeno problema: uma cláusula que determinava que eu deveria estar ligado a esse negócio e o expandindo por dez anos, tudo pago com um ótimo salário e participação societária.

O que para muitos seria uma oferta dos sonhos, para mim foi como uma oferta de prisão. No meio do processo, descobri que não amava aquilo e só estava trocando minha vida por dinheiro. Eu queria viajar pelo mundo, trabalhar livre, impactar pessoas, enriquecer não só o bolso, mas a alma. Tive que tomar a decisão mais complexa da minha vida: aceitar um caminhão de dinheiro e me unir a uma grande empresa ou parar de pedalar a bicicleta e cair da maneira mais dolorosa possível. Claro, escolhi a segunda opção. E, como previsto, o tombo foi feio – bem pior do que eu imaginava.

Mas, como diz um provérbio chinês bastante conhecido que ilustra bem a relação entre crise e oportunidade: "Em tempos de crise, construa pontes para o futuro". Essa frase, que em chinês é escrita como "危机就是转机" (wēi jī jiù shì zhuǎn jī), é muitas vezes traduzida de modo mais livre como "A crise é uma oportunidade disfarçada". O provérbio destaca a ideia de que, mesmo em tempos difíceis, podemos encontrar maneiras de construir algo novo e positivo para o futuro. Em vez de ficar paralisado pelo medo e pela incerteza, devemos buscar soluções criativas para superar as dificuldades e encontrar novas oportunidades para crescer e evoluir. Esse provérbio chinês é uma lembrança poderosa de que sempre podemos encontrar algo de valor em tempos difíceis, e que muitas vezes a crise pode ser o catalisador para mudanças positivas em nossa vida. Não é que os chineses têm razão?

No entanto, isso me possibilitou focar o que realmente amava fazer: operar no mercado financeiro internacional, algo que poderia ser realizado de qualquer lugar, a qualquer hora, sem patrão, funcionários, muito menos sócios – o que, para mim, era a definição de liberdade extrema. Sei que foi uma loucura, e fico lisonjeado quando ouço isso. Em pouco tempo, me recuperei do tombo e construí um império. Dessa vez, um do qual tinha orgulho – e que continue assim para sempre.

É fácil ser otimista quando já se atingiu o resultado esperado ao menos uma vez na vida, mas e para quem ainda não o alcançou? Você deve estar pensando: *Mas como ele chegou a isso? Terá sido sorte, talento?*

E, então, eu me lembrei nitidamente da primeira vez que alguém me disse que eu não precisava levar uma vida infeliz.

EU FAREI DE TUDO

Eu tinha aproximadamente 11 anos e estudava em uma escola pública. A vida era miserável – e me refiro tanto à condição financeira como às perspectivas. Ali, eu só enxergava a continuação do mesmo padrão e estilo de vida dos meus pais.

Essa vida, porém, não me bastava. Eu odiava a escola, os professores, as matérias e tudo mais. Certa vez indaguei à professora:

— Mas por que eu tenho que saber isso? O que me ajudará na vida?

— Você tem que saber disso para ser alguém na vida — ela respondeu.

Naquele momento, a professora me perdeu para sempre. O que ela queria dizer com *ser alguém na vida*? Ela não me mostrou propósito no que aprendíamos; ao contrário, só fez com que eu me sentisse ainda menos compreendido.

Para mim, a rotina na escola era apenas um repetir de coisas que ninguém queria saber, ao mesmo tempo que me impedia de descobrir o que realmente faria sentido *para mim*. Minha motivação só existia em uma matéria: Educação Física, é claro. No resto das aulas, eu torcia para o tempo correr rápido até o recreio; e, depois, até o sinal de saída – o melhor som do dia para mim.

No entanto, naquele ano, houve um dia diferente, em meio a tanta rotina desmotivadora. A diretora da escola entrou em minha sala um pouco antes do intervalo e disse:

— Hoje teremos um evento no pátio da escola, mas não é obrigatório. Aqueles que quiserem ir embora serão dispensados depois do recreio.

Nossa, foi música para os meus ouvidos! Eu poderia ir embora mais cedo; contudo, era a primeira vez que eu tinha recebido o poder de escolha em relação a alguma atividade de lá, e isso despertou minha curiosidade. *O que será esse evento?*, pensei.

Resolvi ficar. Chegando ao pátio, vi uma televisão, daquelas antigas, de tubo, acoplada a uma antena parabólica (os mais jovens vão ter que fazer uma busca na internet, pois essa referência mostra há quanto tempo isso aconteceu). Poucas pessoas estavam aguardando o evento, mas resolvi assistir. Na tevê apareceu um senhor, que, em sua primeira frase, me ganhou como nenhum professor havia conseguido em todos aqueles anos. Ele disse:

— *Se você não está feliz, você não pertence ao lugar em que está.*

Eu pensei: *Nossa, isso foi para mim.*

E ele continuou sua fala, mostrando que, para eu mudar isso, dependeria somente de uma pessoa: de mim mesmo. Concluí: *Se depender de mim, não tem como dar errado; ou funciona ou funciona, e pronto.* Até porque, faria qualquer coisa para sair daquilo.

> *Foi a primeira vez na vida que alguém me disse que eu tinha poder e que eu era a única chave para minha liberdade – e para tudo o que mais sonhava na vida.*

INTRODUÇÃO **39**

Ele continuou apontando, passo a passo, como conquistar mais sucesso, mas uma coisa me chamou muito a atenção: a palestra estava sendo transmitida e no local em que ele estava havia centenas de executivos engravatados babando no conhecimento e na sagacidade daquele senhor, enquanto eu não era respeitado nem pelos meus colegas de classe. Logo me veio à cabeça: *Descobri o que quero ser na vida. Quero ser como o dr. Roberto Shinyashiki, o maior palestrante do Brasil, escritor best-seller e uma verdadeira lenda.* A partir daquele momento, pela primeira vez, eu tinha um mapa, uma bússola e um sonho.

Uma frase que me marcou muito naquele dia foi:

— Pouco me importa de onde você veio, que estudo tem ou quem você é. O que me interessa é aonde quer chegar e o que fará para isso acontecer.

Internamente, eu gritei: *Eu farei de tudo.*

Daquele dia em diante, entendi que, independentemente de onde tenha começado, não há limite para onde pode chegar. Muitas pessoas acham que suas origens determinam seu destino, mas a verdade é que o sucesso é alcançado por meio de trabalho árduo, determinação e perseverança. A chave para atingir seus objetivos é ter um forte desejo de sucesso e estar disposto a enfrentar os desafios e obstáculos ao longo do caminho. Não importa se você veio de uma família humilde, se teve que lutar para superar obstáculos financeiros ou educacionais, ou se enfrentou outras adversidades em sua vida, você pode alcançar seus objetivos se estiver disposto a se esforçar e acreditar em si mesmo. Não devemos deixar que as circunstâncias passadas nos definam ou limitem.

O poder de determinar seu próprio futuro está em suas mãos, e com determinação e trabalho árduo qualquer um, inclusive você, pode alcançar qualquer coisa que desejar.

Desde daquele dia, venho modelando o dr. Roberto, mesmo utilizando outros caminhos e outras ferramentas. No entanto, como energia move o mundo, nos aproximamos e viramos grandes amigos e hoje é comum nos encontrarmos em palcos falando para milhares de pessoas e transformando juntos a vida de muitos, como se nosso storytelling tivesse se tornado semente do bem.

E agora eu quero dar a você a mesma pílula: pouco me importa de onde veio, que cor tem, suas preferências ou estudos. Você está pronto para dar tudo de si e chegar aonde sempre desejou?

Eu chamo as pessoas que respondem "sim" a essa pergunta e querem se tornar realizadoras de **Superstar, estrelas de verdade, que almejam mostrar ao mundo seu brilho próprio e viver com autenticidade**.

VOCÊ ESTÁ PRONTO PARA SE TRANSFORMAR EM UM SUPERSTAR DA PRÓPRIA VIDA?

Como prometi, este livro não é sobre histórias de sucesso, mas como elas são construídas. E depois de estudar a vida das maiores referências em termos de empreendedorismo e liderança, adaptar suas estratégias na minha trajetória e ajudar milhares de indivíduos a fazerem o mesmo, eu consolidei o método 7 + 1 aplicado aos três pilares que são responsáveis por garantir que tenhamos uma vida plena. Esses três pilares são corpo, mente e bolso.

Esta metodologia funciona como um algoritmo, no qual você aplica o que deve ser feito de modo automático e age sem pestanejar, caminhando assim em direção ao sucesso, como se tivesse sido programado para o sucesso.

Antes de continuar, porém, preciso fazer uma advertência. Eu só falo para um tipo de pessoa, que chamo de *o insatisfeito indignado*. Para os outros eu não faria sentido e nem ouso tentar. No entanto, se você chegou até aqui, suspeito fortemente que se enquadre nesta tribo.

Nas próximas páginas, entregarei a você todas as ferramentas para que inicie sua transformação a fim de se tornar um Superstar. Ao fim deste livro, meu compromisso é que você tenha certeza de que possui tudo de que precisa para fazer de sua vida algo não só marcante e vibrante, mas também muito mais válido.

Estranhou a palavra? Por que uma vida válida? Simplesmente porque a maioria das pessoas não cria, não produz, não sonha, mas sobrevive. Eu não consigo definir isso como viver – e espero que você também não.

Reflita. Quantas vezes comprou um livro e não leu, deixando-o ao lado da cama por meses até virar decoração de prateleira de sua casa? Quantas vezes pagou um ano de academia, prometendo que mudaria seu corpo, mas foi três vezes e nunca mais? Quantas vezes prometeu que aprenderia uma nova língua, se animou, comprou cursos, para depois desistir disso rapidamente?

Sei que fatos assim ocorrem com todos nós, o tempo todo, mas reflita: o que teria mudado em sua vida se você soubesse muito sobre algo, por meio da leitura de um bom livro? E se tivesse se mantido firme e com disciplina na academia desde que se inscreveu? E se tivesse concluído os cursos de línguas que iniciou? Decerto estaria muito diferente do que está agora. Seria uma versão melhorada, turbinada e muito mais produtiva, da qual teria mais orgulho. Isso é evidente, não há como argumentar, mas não se desespere: **seu momento é agora**.

Leia este livro até o fim e lhe garanto: ao aplicar este conhecimento, você entrará em um portal para muito além do que sonhou até hoje.

O SENTIMENTO DE ESTAR SEM RUMO

O filósofo e escritor Lúcio Anneo Sêneca, que viveu no Império Romano do século I, escreveu: "Não existe vento favorável para o marinheiro que não sabe o seu destino".[2] E talvez você já tenha se sentido assim, um marinheiro navegando por um mar revolto sem saber onde está o seu norte.

Nesse seu escrito, Sêneca aborda a questão de estar sem rumo na vida. Ele defende que a maioria das pessoas não vive com um propósito claro e acaba se perdendo em meio às demandas do dia a dia. Segundo ele, a solução para esse problema é cultivar a sabedoria e a virtude, buscando sempre um sentido para a existência. Para ele, é fundamental termos consciência de nossas limitações e

---

[2] Carta 71 de Sêneca (4 a.C.-65 d.C.) a Lucílio, no conjunto de 124 que o filósofo do Estoicismo escreveu com pensamentos sobre a moral. A tradução desse trecho tem variações, de conteúdo muito semelhante a esta.

aceitarmos nossas imperfeições, de modo a desenvolver a autossuficiência e a paz interior. A partir daí, podemos encontrar um caminho a seguir e ter uma vida mais significativa e realizada. Em resumo, Sêneca nos ensina que estar sem rumo é uma condição humana comum, mas que podemos superá-la por meio da reflexão, do autoconhecimento e da busca por uma vida virtuosa e com propósito.

É como aquela cena tão conhecida do livro *Alice no País das Maravilhas*, de Lewis Carroll,[3] quando a menina mais famosa da literatura mundial encontra um gato bem peculiar e lhe pergunta:

— Poderia me dizer, por favor, que caminho devo tomar para ir embora daqui?

— Depende de onde deseja chegar — disse o gato.

— Não ligo muito para onde — respondeu Alice.

— Então, não importa a direção que vá — decretou o gato.

O motivo é bem claro: o que queremos da vida e para onde devemos ir estão entre os maiores dilemas da humanidade, desde sempre.

Acredito que você não esteja como Alice e já saiba para onde quer ir e o que quer se tornar, mas o que talvez esteja travando seu percurso seja justamente *como* fazer a virada, *como* retomar o controle do leme da sua vida. E, acredite, você não está sozinho.

---

3 Tradução livre de trecho do livro original, de 1865, conforme publicado em 1994 no *Project Gutenberg*: "Would you tell me, please, which way I ought to walk from here?", "That depends a good deal on where you want to get to," said the Cat, "I don't much care where —" said Alice e "Then it doesn't matter which way you walk," said the Cat.

Nós estamos em um momento de muitos questionamentos em relação ao que nos foi vendido como o caminho certo a seguir para, como disse a minha professora no passado, sermos alguém na vida. No entanto, aquele mundo idealizado cada vez mais não parece coerente com as mudanças que temos enfrentado. E, no fim das contas, nosso sentimento é de uma grande e profunda insatisfação, porque nos falta tudo: motivação, crença, dinheiro, liberdade, brilho, alegria etc.

Na maioria das vezes, essa insatisfação pesa ainda mais quando analisamos nosso momento profissional, a posição que temos ocupado em nossa carreira e todas as limitações financeiras e de tempo aos quais temos sido submetidos. Pelo menos essas foram algumas das razões que me fizeram querer deixar a vida como dentista – mesmo que, para quem visse minha história de fora, acreditasse que ela era fantástica. E, quando me deparei com alguns dados recentes, percebi que o mesmo incômodo que eu senti estava presente na vida de muitos outros indignados.

Uma pesquisa realizada em 2022 pela rede social LinkedIn, com 23 mil pessoas de dezesseis países, incluindo o Brasil, mostra que 60% das pessoas estavam querendo mudar de emprego.[4] Recordo-me de outra

---

[4] 60% DOS PROFISSIONAIS estão insatisfeitos com o emprego atual, e 20% já estão procurando uma nova posição. **Época Negócios**, 13 fev. 2023. Disponível em: https://epocanegocios.globo.com/colunas/profissionais-da-nossa-epoca/coluna/2023/02/60percent-dos-profissionais-estao-insatisfeitos-com-o-emprego-atual-e-20percent-ja-estao-procurando-uma-nova-posicao.ghtml. Acesso em: 22 abr. 2023.

pesquisa mundial, ainda mais ampla, feita pelo Instituto Gallup em 2013, revelando que apenas 13% das pessoas entrevistadas se sentiam engajadas em seus trabalhos.[5]

Claro que isso ocorre porque, para a maioria, o motivo da ação não é ser bom no que faz ou ter prazer em fazê-lo, mas, simplesmente, porque esses modelos tradicionais costumam seguir uma lógica de troca de tempo de vida por dinheiro. E, às vezes, o preço cobrado é caro demais.

O MUNDO DEPOIS DA COVID-19

Uma transformação massiva vinha ocorrendo havia um bom tempo no mercado de trabalho e foi acelerada com a pandemia do Covid-19. A situação de isolamento social, provocada pelas incertezas a respeito da doença e para minimizar o contágio, fez com que muita gente descobrisse duas coisas que até poderiam intuir, mas das quais não tinham certeza até pouco tempo:

1. Não era necessário ir a um local específico para trabalhar, principalmente um escritório, para serem produtivas;

----

5 APENAS 13% das pessoas no mundo gostam de trabalhar, aponta pesquisa. **Opera Mundi**, 10 out. 2013. Disponível em: https://operamundi.uol.com.br/politica-e-economia/31740/apenas-13-das-pessoas-no-mundo-gostam-de-trabalhar-aponta-pesquisa#:~:text=Se%20voc%C3%AA%20n%C3%A3o%20gosta%20do,%E2%80%9Cengajadas%E2%80%9D%20no%20que%20fazem. Acesso em: 22 abr. 2023.

2. Tem muito mais valor estarmos próximos daqueles que amamos, em vez de gastarmos tanto tempo no trânsito de uma grande cidade ou mesmo em reuniões presenciais, que muitas vezes são dispensáveis e parecem intermináveis.

Dessa maneira, o mundo se abriu para inúmeros modos de "ganhar a vida", vendendo menos tempo. Isso, por si só, já é um grande convite para a era que iniciamos agora. *Seja bem-vindo, mundo da liberdade!*

Para entender como as pessoas reagiram a essa novidade, repare nesta pesquisa realizada em 2022 pela Sodexo, com a consultoria Harris Interactive,[6] que escutou 4.800 pessoas de oito países (Brasil, EUA, Inglaterra, Espanha, França, Austrália, Alemanha e China).

Os resultados mostram que 92% dos trabalhadores preferiam manter suas rotinas de trabalho em casa, com idas pontuais às empresas de até dois dias por semana. Esse levantamento também revelou que segundas e sextas-feiras são os dias preferidos dos entrevistados para ficarem em casa.

Encarar o transporte público foi o principal motivo dessa preferência para 55% das pessoas ouvidas. Ainda: metade dos participantes da pesquisa afirma que se sente mais segura no home office, e quase a mesma proporção cita a redução do estresse e do cansaço como benéfica nesse regime de trabalho. Ao mesmo

---

6 VILELA, R. Home office: Pesquisa revela eu 92% das pessoas preferem trabalhar de casa. **Reconta aí**, 8 abr. 2022. Disponível em: https://recontaai.com.br/home-office-pesquisa-revela-que-92-das-pessoas-preferem-trabalhar-de-casa. Acesso em: 22 abr. 2023.

tempo, 45% diziam usar o tempo que antes se destinava aos deslocamentos para atividades como exercícios físicos, cursos ou para ter momentos com a família.

Chegamos a um tempo em que não importa mais quantas horas de vida você vende para uma empresa nem mesmo o quanto cobra por isso, como costumava ser desde a Revolução Industrial e seu princípio de remunerar as pessoas como se fossem máquinas. Se me lembro bem, você não quer ser uma máquina, mas, sim, o realizador de uma vida épica!

No entanto, nem sempre sabemos lidar da maneira correta com nossos desejos. E vou explicar o que gostaria de dizer com isso.

O DOMÍNIO DE NOSSOS DESEJOS

A realidade é que só desejamos o que não temos. E, quando conseguimos aquilo que era um desejo fortíssimo até pouco tempo atrás, de repente, já não queremos tanto assim o que buscávamos. Procure em sua memória uma coisa que queria muito em sua vida. Lembre-se de como se sentiu quando a conquistou. Tenho certeza de que, meses depois, o efeito da conquista perdeu grande parte de seu glamour – se não todo.

Fica fácil entender esse ponto se pensar na aquisição de um carro, por exemplo. Você o deseja muito, sonha com ele, namora-o na rua e em todos os lugares, faz meta de poupança para ter condições de comprá-lo, faz um financiamento e se endivida todo. Quando vai à concessionária, se acomoda no banco novinho, sente aquele cheiro tão característico, liga o motor suave e sai dirigindo. O prazer é absurdo e agudo – são poucas horas de uma euforia incrível. Você se sente um grande vencedor e tem orgulho de si mesmo. Parece que virou um Superstar.

Algumas semanas depois, porém, quando a euforia passa, você percebe que o carro já não é mais zero, além de ter alguns defeitos que não havia notado antes: *Nossa, ele faz um barulho no banco de trás. Como pode acontecer isso em um bem de tanto valor, zerinho?*

Isso faz você pensar em quanto sofreu para poder comprá-lo e o quanto ainda terá que sofrer para quitar o restante das parcelas. Começa, então, a pôr na balança da vida e a acreditar que foi enganado, pois não queria tanto assim esse carro. Se pudesse voltar atrás, não o teria adquirido de modo algum. Pronto: agora sua emoção com esse bem está totalmente negativa. O único jeito é pensar em outra aquisição futura, para poder diminuir a frustração dessa.

Na minha visão, quando nos sentimos submersos em frustração é porque, de alguma maneira, nos afastamos do grande porquê que nos fez, em primeiro lugar, trilhar o caminho que nos levou até o presente.

Neste ponto, quero convidar você a uma reflexão a respeito dos questionamentos a seguir:

- Por que optou por seu curso de faculdade?

- Por que se casou?

- Por que escolheu esta pessoa para dividir sua vida?

- Por que está pensando em empreender?

- Por que nesta área?

- Por que comprou o seu último bem de valor muito expressivo?

Você conseguiria me responder com clareza a todas essas perguntas? Ou a maior parte dessas decisões foi feita de maneira automática, apenas "seguindo o fluxo natural da vida"?

Quando refletimos sobre isso, exercitamos a liberdade e a independência – e é isso que nos leva ao caminho da felicidade e da plenitude, tudo o que mais buscamos na vida.

Nessa direção tão boa, no entanto, há uma barreira a superar. Temos uma tendência natural de buscar sonhos que não são nossos, mas implantados pela sociedade. Desejos do tipo: *Gostaria de ser bilionário e ter as coisas do Cristiano Ronaldo, casas, carros, esposa, jato, iate etc.* Se eu perguntar por que de fato desejamos tudo isso, qual seria sua resposta? Se hoje você tivesse renda suficiente para não mais ter que trabalhar na vida, já se consideraria um sucesso?

Parece que estamos em busca de ser como o outro, de ter o que ele tem, de viver em busca do que alguém já conquistou. E se, em vez disso, procurássemos ser a melhor versão de nós mesmos, dia a dia, aos poucos? Aonde isso poderia nos levar?

Dói ser mais um. É como vestir uniforme, ser mais um número que um nome, uma história. Pense na palavra "uniforme" – com a mesma forma, igual. Não quero seguir dezenas de pessoas, mas ser seguido por milhares, ser ouvido e admirado por todos que me rodeiam, ser respeitado até por quem não gosta de mim. Parece uma prece, não? Realmente é.

No entanto, quando estamos presos à insatisfação, parece que tudo o que fazemos para melhorar simplesmente não funciona.

Estamos sempre em busca de algo que nunca chega, o estilo de vida que sonhamos e merecemos. Isso gera uma angústia terrível, mas não pelo que temos ou não no momento presente, e sim pelo temor de como estaremos amanhã.

Posso apostar que isso ocorre com você neste momento. Quando se deita para dormir, o que tira seu sono não é a falta de algo, mas a dor de imaginar o que aconteceria se a vida mudasse para pior, com a perda de um emprego, a falência de uma empresa e assim por diante. É interessante notar que os humanos são os únicos seres vivos que conseguem viver no passado e no futuro, abrindo mão do que temos de mais valioso: o presente. Ora estamos em busca de um futuro glorioso, ora saudosos de um passado espetacular. E isso nos tira o foco.

Quem nunca usou aquela frase: *na minha época...*? E isso me faz perguntar: que época?

Seu tempo é o agora e somente ele. É nele que agimos para mudar nosso futuro e presente e ressignificar nosso passado.

Quando você fica nesse fluxo negativo de insatisfação, acreditando que a falta de felicidade e prosperidade é causada por tudo aquilo que ainda não tem, perde perspectiva e abre mão do seu poder de mudar as coisas.

Esse problema de perspectiva faz com que nos tornemos "preocupados". E, se você reparar bem nessa palavra, vai perceber que o termo vem de ocupar-se antes de fazer algo; pré-ocupar-se. Ou seja, você se bloqueia antes mesmo de começar, antes de se dar a oportunidade de criar a vida que faz sentido para você, a vida que vai gerar toda a liberdade que quer ter.

Assim, você perde o foco e, junto, vai-se a eficácia da ação; consequentemente, o resultado, fazendo com que você entre em um *looping* de frustrações e mais preocupações.

No entanto, esta não é uma sentença. O grande segredo para quebrar esse ciclo é estar sempre em busca de algo que o leve a uma melhor versão de si próprio. Mesmo que o sentimento da conquista diminua, essa transformação fica em você e ela será uma grande ferramenta para novas conquistas.

Progredir se torna um círculo vicioso, pois o hábito nada mais é do que uma maneira de vício – como transformar uma rotina corriqueira em um processo de repetição automática. E, quando ele é focado para o bem, transforma você em uma máquina de conquistas. Se você implantar o hábito correto, poderá atingir qualquer coisa que ousar sonhar!

SERÁ QUE AINDA DÁ TEMPO?

Uma das coisas que eu mais combato é o sentimento de que estamos atrasados para realizar o que sonhamos. E não é raro que, vez ou outra, quando converse com alguém, essa pessoa me pergunte: "Mas, Luiz, será que ainda dá tempo de mudar minha vida completamente?".

Para mim, a resposta é uma só: *claro que sim!*

Para começo de conversa, devemos nos lembrar de que, hoje, vivemos muito! A expectativa de vida dos indivíduos já foi muito menor no mundo. Não quer dizer que em outros tempos as pessoas nunca chegassem aos 60, 80 e até mesmo 100 anos, conforme comprovam descobertas arqueológicas.[7] A expectativa de vida é um cálculo matemático, uma média. No início do

---
[7] Pode-se ler mais a respeito no livro supracitado de Yuval Harari *Sapiens: uma breve história da humanidade*.

século XX, por exemplo, ela era de 47 anos nos países industrializados e de apenas 33 anos no Brasil.[8]

Com o desenvolvimento das vacinas e dos antibióticos, em 1960 a expectativa de vida em nosso país já havia subido para 52 anos (69 anos nos países mais ricos).

Em 2021, a Organização das Nações Unidas (ONU) informou que a expectativa de vida estava em 71 anos de idade, mesmo depois da queda em decorrência dos eventos da pandemia de Covid-19, que diminuiu a expectativa em dois anos em comparação a 2019.[9] Mesmo assim, a melhoria no último século é muito significativa.

Não sei você, mas a ideia de suportar o sofrimento por mais tempo para, talvez, ser feliz quando se aposentar perdeu o sentido para mim.

Não sei quantos anos você tem quando lê este livro, mas uma coisa é certa: você tem a chance de continuar colocando energia em algo que traga realização. Por que permanecer adiando isso? Por que se impor uma limitação que nada mais é do que a ideia de uma

----

[8] VERSIGNASSI, A. Uma breve história da expectativa de vida. **Superinteressante**, 20 jan. 2022. Disponível em: https://super. abril.com.br/coluna/alexandre-versignassi/uma-breve-historia-da-expectativa-de-vida/. Acesso em: 22 abr. 2023.

[9] VILELA, P. R.. ONU: pandemia reduz expectativa de vida em 3 anos na América Latina. **Agência Brasil**, 11 set. 2022. Disponível em: https://agenciabrasil.ebc.com.br/saude/noticia/2022-07/onu-pandemia-reduz-expectativa-de-vida-em-3-anos-na-america-latina#:~:text=A%20expectativa%20de%20vida%20global,cinco%20de%20d%C3%A9cadas%20de%20crescimento. Acesso em: 22 abr. 2023.

visão sobre envelhecimento que, sejamos francos, nem faz sentido atualmente?

Para mim, a transição que faz sentido é não mais sermos obrigados a aceitar uma vida que não nos faz feliz.

Algumas pessoas vivem esperando chegar próximo aos 70 anos para se aposentar. Hoje, no entanto, é comum questionarmos se, no Brasil, a aposentadoria ainda continuará existindo com tantos problemas orçamentários. E eu nem quero entrar muito nessa discussão porque, para mim, a grande questão é que, embora você contribua todos os anos necessários para ter direito ao teto da previdência,[10] ainda assim teria um limite do que poderá usufruir lá na frente.

No entanto, acredito que se você quer ser um Superstar, alguém que constrói uma vida épica, isso também significa ter tranquilidade financeira.

E, claro, existem várias maneiras de construir essa estabilidade. Você pode, por exemplo, acumular muito dinheiro para que, lá na frente, esse patrimônio lhe gere uma renda passiva suficientemente boa para que possa parar de trabalhar. Melhor ainda se conseguir fazer isso de modo que tenha uma aposentadoria precoce.

----
10 Em 2023, aproximadamente R$ 7.500,00. Informação obtida de: MINISTÉRIO DO TRABALHO E PREVIDÊNCIA. Confira a nova tabela e contribuição para a Previdência. **Governo Federal Brasileiro**, 12 jan. 2023. Disponível em: https://www.gov.br/inss/pt-br/assuntos/ confira-a-nova-tabela-de-contribuicao-para-a-previdencia. Acesso em: 22 abr. 2023.

É um sonho legítimo, muito comum e compreensível. No entanto, o que pode estar fugindo à sua percepção é que, para quem faz o que gosta, aposentadoria não costuma estar nos planos. Digo sempre: quem se aposenta é, em geral, o pobre e o infeliz – e vou defender meu ponto.

Pense em Warren Buffett, o gênio do mercado financeiro e um dos maiores investidores de todos os tempos. Mesmo depois dos 90 anos, o bilionário escolheu seguir trabalhando todos os dias. A mesma decisão tomou seu sócio, Charles Munger, também na ativa depois dos 90 anos. O apresentador e empresário de televisão Silvio Santos é outro caso de nonagenário ligado nos 200 volts. A idade não o impediu de seguir gravando programas e de participar de modo ativo da administração de seus negócios. Ainda me lembro de Oscar Niemeyer, o expoente máximo da arquitetura brasileira, que trabalhou em sua prancheta até seus últimos dias de vida, com mais de 100 anos.

Quem se aposentava era seu avô, seu pai e seu tio. Os Superstars raramente o fazem, por um simples motivo: trabalhar é aquilo de que mais gostam na vida, é o que os define.

Pessoas que encontram seu propósito, independentemente do mercado em que escolhem atuar – na música, nos esportes, nos investimentos ou qualquer que seja o segmento –, querem continuar na ativa porque sabem que, naquele espaço, não apenas dão o melhor de si, como também continuam se sentindo relevantes. Até mesmo nos esportes, em que muitas vezes o corpo limita com mais frequência o fim das carreiras, há quem adie o quanto pode, como o surfista norte-americano Kelly Slater. Campeão mundial pela primeira vez em 1992, aos 20 anos, ele atravessou gerações diferentes, sempre como um competidor de alto nível. Ou seja, ganhando! Em 2022, foi campeão na etapa de Pipeline do circuito mundial de elite do surfe. Acumulou no total onze títulos e seu nome lendário pode ser encontrado no ranking de 2023, aos 51 anos.

Outro exemplo é o piloto Carlos Sainz – o pai; não o filho, que compete pela Ferrari na Fórmula 1. Desde a década de 1980 na elite do rali, ele é bicampeão do WRC (1990 e 1992) e tem três títulos do Rali Dakar (2010, 2018 e 2020), um dos mais exigentes do mundo. Aos 60 anos, competiu em 2023 nas areias do norte da África. Quando escrevo isto, ele ainda não havia falado em aposentadoria, mesmo tendo sofrido um grave acidente na prova e quebrado duas vértebras.

E o que falar de Mick Jagger, dos Rolling Stones?

Estou trazendo essas histórias para lhe fazer uma provocação: você sente por seu trabalho atual tamanha gana de continuar? Caso a resposta seja não, existe uma força assim para perseguir o modelo de vida que lhe trará satisfação?

A vida é uma dádiva, e aproveitar e desfrutar cada segundo com intensidade não é apenas prova de inteligência, é também um agradecimento à força que nos criou por um motivo bem claro.

Se você não quer ser apenas mais um nesta vida, trabalhar só para ganhar seu salário e pagar as contas; se deseja ser reconhecido por suas realizações e, mais ainda, se sentir feliz com o que faz e nem quer mais condicionar a solução para sua vida a bilhete premiado de loteria, herança milionária ou aposentadoria, então estamos realmente na mesma página – e não falo deste livro, mas da vida.

Estar sempre no "campo de batalha" é o lema. A propósito, você já deve ter percebido que um parente ou amigo seu, quando se aposenta, envelhece muito mais rápido em comparação aos amigos que continuam trabalhando. Um estudo realizado em 2019 pela Universidade de Boston analisou dados de mais de 20 mil pessoas que se aposentaram entre 1992 e 2010. Descobriu-se, então, que a aposentadoria precoce estava associada a um risco maior de mortalidade e doenças físicas e mentais. Aqueles que se aposentaram antes dos 65 anos tinham um risco 11% maior de morte prematura e um risco 9% maior de doenças cardiovasculares do que quem se aposentou mais tarde. Além disso, a aposentadoria precoce também estava associada a depressão e outros problemas de saúde mental. Esses resultados sugerem que a aposentadoria precoce pode ter efeitos significativos na saúde física e mental a longo prazo.

Essa pesquisa é um alerta para aqueles que suportam uma vida medíocre por muitos e muitos anos, fazendo o que não gostam, sem propósito algum (além de ganhar um salário), simplesmente em troca de uma promessa futura de paz e tranquilidade chamada aposentadoria. Trata-se do storytelling, que, mais uma vez, faz os humanos agirem de modo pouco racional, desperdiçando seus melhores momento pela promessa futura de alegria. Reconhece o padrão se analisar como vivemos durante séculos, em todos os aspectos de nosso cotidiano (economia, religião e trabalho)?

Que tal escrever aqui mesmo (ou onde desejar) o que sente por sua atividade principal hoje em dia? Registre também a lembrança de como era esse sentimento quando iniciou e, por fim – para si próprio –, por quais trabalhos imagina que poderia sentir empolgação.

_____

_____

_____

_____

_____

O QUE VOCÊ VÊ NO ESPELHO REPRESENTA COMO VOCÊ SE ENXERGA DE VERDADE?

Quero falar uma coisa muito importante para você agora. Quando estamos nesse processo de nos reconectarmos com nosso poder de desenhar e fazer acontecer o nosso plano, vira e mexe aparece uma vozinha que começa um diálogo negativo dentro de nós.

Eu sei que refletir sobre o caminho que você trilhou até agora pode despertar muitos sentimentos e a última coisa que deve fazer é deixar as emoções paralisadoras tomarem conta. Essa vozinha negativa costuma surgir quando você começa a se preocupar, como vimos, para se projetar para o futuro, não pensando no que pode dar certo, mas em todas as possibilidades de dar errado.

O desconhecido realmente pode ser assustador, mas você tem aqui a oportunidade de caminhar seguindo uma estrutura e que, mesmo tendo momentos de desconforto – eles são inevitáveis e eu vou provar que são positivos –, vai valer a pena no final.

E se você ainda tem dúvidas se deve se manter firme ou não nesse projeto ambicioso que é construir uma vida épica, quero encerrar este capítulo propondo um desafio.

Posicione-se em frente a um espelho em que possa ver seu corpo, dos pés à cabeça. Então, abra o aplicativo de seu banco e de sua corretora no celular, tire toda a sua roupa e reflita: o que acha da sua imagem? É isso mesmo, você tem no campo imediato de visão sua imagem física e o raio-X de seu bolso. Que tal?

O que estou pedindo é que faça uma autocrítica sincera e direta. Essa imagem deixa você com vergonha ou orgulho? Como desejaria que ela fosse? Acredita que está sendo justo com a sua história? Será que você não merece mais? E não estou apenas falando de dinheiro. Será que não merece mais cuidado, carinho, atenção e felicidade para si mesmo?

Este não é um desafio confortável, mas eu garanto que, na frente do espelho, sendo 100% honesto consigo,

SERÁ QUE AINDA DÁ TEMPO? 61

talvez seja a primeira vez em muito tempo que olhe e enxergue a si mesmo de verdade. Isso é sobre assumir a responsabilidade, pois existem dois tipos de *players* no mundo: os gestores, que aprendem a executar algo e passam a vida seguindo regras e entregando resultados demandados por seus superiores, e os líderes, que formam novas tendências e criam um mundo novo. Obviamente, ser gestor é mais confortável e fácil, pois, se algo ocorrer de maneira inesperada, você pode creditar esse resultado ao seu líder, seja o governo, seja o patrão ou a equipe. Confortável porque fomos treinados para isso na escola, em que aprendemos a seguir o que foi pedido à risca, sem reclamar ou contestar – e quanto mais fiel o seguidor, melhor o seu desempenho. O líder, por sua vez, não tem a quem recorrer, já que assumir o bônus da liberdade criativa traz consigo o ônus de ser o único responsável pelos resultados, não podendo terceirizar a culpa.

Neste momento, você já tem clareza de quais dos dois perfis é o seu. Essa pequena mudança em sua vida será a chave de todas as mudanças que ocorrerão daqui para a frente. E isso acontecerá quando entender que não é a academia, a dieta, o treino, o personal, o clima, a época do ano, sua genética, seus hormônios e nem outro fator externo, mas a sua atitude de transformar seu corpo, só por você mesmo, independentemente do restante. Nesse instante, realizará e manifestará o resultado que sempre sonhou.

No auge de sua carreira de modelo internacional, depois de ter ficado nacionalmente conhecido por ter participado do reality-show mais famoso do país, o BBB, ele se preparava para um dos maiores desafios de sua vida:

uma campanha inteira para grife Dolce & Gabbana. Dias antes, porém, havia aceitado o convite de amigos para jogar bola. Na volta para casa, dirigia seu carro, quando sofreu um acidente que o deixou paraplégico.

O que para muitos teria selado um futuro nebuloso, para Fernando Fernandes foi um chamado para assumir a responsabilidade e mostrar que, se depender dele, o sucesso está garantido. Como uma Fênix, ele se reinventou das cinzas. Durante sua reabilitação, teve mais apreço ainda pelo esporte e decidiu se dedicar de corpo e alma a isso. Na canoagem, retornou ao sucesso, tornando-se campeão mundial por diversas vezes. Ainda escritor da própria história, se reinventou mais uma vez e estrelou diversos documentários de esportes radicais, mostrando que sua limitação física era superada por outra força, o que fez com que virasse um modelo a todos que enfrentavam a mesma situação. Essa força o levou mais uma vez para a tela da maior rede de televisão do país, a TV Globo, primeiro em programas esportivos e, depois, para ser o apresentador do reality-show *No limite*.

Sei essa história muito bem, pois Fernando Fernandes é amigo meu e uma das pessoas mais transformadoras que conheci em minha vida. Havia pouco, estávamos em um hotel de Brasília durante um jantar já tarde da noite, todos exaustos; no outro dia, participaríamos de um evento para milhares de pessoas. Perguntei a ele:

— Quais são seus planos para amanhã?

— Luiz, já marquei com uns amigos para virem me buscar às 5h30 para remarmos no lago até as 7 ou 8 horas. Depois, vou me preparar para o evento.

Pronto, agora era eu que não podia pensar em dormir até mais tarde.

Essa história prova o quanto você pode transformar a sua realidade, independentemente das circunstâncias, e ela será aplaudida de pé.

3

O BEM QUE PODE FAZER O DESCONFORTO

Não aguentamos ser iguais a todos, mas não suportamos ser diferentes da maioria.

Poucas frases descrevem tão bem a angústia humana quanto essa. É claro que buscamos ser diferentes, brilhantes e únicos, mas a maioria das pessoas não consegue pagar o preço disso, porque ir na contramão não é uma tarefa fácil mesmo. É preciso ter muita resiliência e disciplina.

E se tem uma coisa que pode atrapalhar nesse percurso é o ambiente em que você vive.

Você já percebeu, por exemplo, que os catadores de caranguejos não precisam colocar tampas nos recipientes que guardam os animais quando estão caçando? Eles têm apenas que se certificar de pôr ao menos dois caranguejos lá dentro. Por mais que esses animais tenham a habilidade de escalar e fugir, se um deles tentar escapar, escalando a parede do balde, o outro irá puxá-lo de volta para dentro. Assim também é o ser humano em comunidade: nós odiamos o diferente; queremos que quem esteja conosco seja parecido. E, se alguém tentar mudar, nós impedimos ou nos livramos dele. Quem age ou questiona o modelo dos demais acaba engolido por um viés chamado *conformidade social*.

Conformidade social nada mais é do que a pressão implícita que os grupos fazem sobre os indivíduos. É como aqueles experimentos que talvez você já tenha visto por aí, em que alguém, por exemplo, chega a uma sala de espera e vê, toda vez que toca um sinal, os demais se levantarem. Essa pessoa que acaba de entrar acha o comportamento estranho, mas, ao notar todo mundo agindo do mesmo jeito, começa a *se* questionar. Talvez ela esteja agindo de maneira estranha. Então, para não chamar atenção para si, ela se conforma e começa a repetir o mesmo comportamento dos outros.

Talvez você já tenha passado por alguma situação semelhante. Talvez tenha tentado apresentar uma ideia em uma roda de amigos e, quando todos começaram a rechaçar, dizendo que você estava viajando, aquela ideia realmente acabou perdendo o brilho.

Muitos perguntam: *mas como saberei que estou indo no caminho certo*?

É muito simples:

> *Espere alguém lhe chamar de louco. Essa é a senha de que o caminho vale a pena. Isso ocorre porque ele está com medo de perder você do grupo e você está doido para sair de lá bem rápido.*

O BEM QUE PODE FAZER O DESCONFORTO **67**

Uma máxima muito difundida, atribuída ao palestrante norte-americano Jim Rohn, diz que *você é a média das cinco pessoas com quem mais convive.* Estou certo de que já a ouviu inúmeras vezes. Agora, por que isso ocorre?

Faça um exercício: pense nas cinco pessoas com quem você mais conversa sobre carreira, negócios, projetos e anote a seguir:

_____

_____

_____

_____

_____

Agora, faça uma análise:

- Você sentiu facilidade para identificar pessoas com quem tem abertura para dividir esses projetos tão decisivos ou percebeu que a maior parte das suas relações não se aprofunda nessas questões?

- Essas pessoas estimulam você a ir mais longe? Elas trazem referências e fazem você sentir que está evoluindo pessoal e profissionalmente?

- Você admira mesmo a trajetória delas?

Caso tenha percebido que as pessoas mais próximas não o representam ou não agem de acordo para que você tenha uma rede de confiança, motivação e estímulo, eu pergunto: por que se mantém preso a um grupo que não agrega valor?

Eu não estou dizendo que você deva excluir essas pessoas. Nada disso. Meu ponto é que deve abrir espaço na sua vida para relações mais profundas e que estejam alinhadas ao seu projeto de futuro.

É muito confortável estarmos em um grupo que não nos desafia pessoal e intelectualmente, que apenas diz sim ou passa a mão na nossa cabeça. No entanto, não acredito que grandes histórias sejam construídas assim.

O que eu vou falar agora talvez soe muito pesado. Contudo, aposto que você já conseguiu entender bem a minha personalidade até aqui. Eu prefiro puxar o curativo de uma vez para que nos concentremos no que vai fazer a diferença para você. E, para mim, há uma verdade incontestável: **o sucesso dói**.

Ao longo do tempo, eu entendi que o sucesso e todas as grandes realizações da humanidade surgiram na dor. E a criatividade é resultado da busca por solução diante da escassez. É justamente a falta de algo que mais nos estimula a agir e a sermos inventivos. Para os que estão confortáveis, isso é quase impossível. Esse é o motivo que leva ao próximo lema:

*Homens fortes criam tempos fáceis
e tempos fáceis geram homens fracos,
mas homens fracos criam tempos difíceis e
tempos difíceis geram homens fortes.*

Provérbio oriental

O BEM QUE PODE FAZER O DESCONFORTO 69

Tenho um amigo que costuma dizer que não aceitaria ser malsucedido e pobre em um mundo com tantas pessoas despreparadas, preguiçosas e satisfeitas. Então, é uma questão de honra para ele conseguir cada vez mais. Esse modo de agir faz com que não tenha outra escolha, a não ser procurar o desconforto do crescimento a todo momento – o que o deixa sempre motivado e ativo.

O xeque Mohammed bin Rashid Al Maktoum, de Dubai (Emirados Árabes Unidos), que em poucas décadas transformou uma pequena ilha de pescadores em uma das cidades mais modernas, prósperas e pujantes do mundo, certa vez disse: "Meus antepassados andavam de camelo; hoje, eu ando de Ferrari e Bentley. Meus filhos ainda andarão de Ferrari e Bentley, mas meus netos voltarão a andar de camelo".

Essa frase mostra toda a sabedoria desse empreendedor, pois descreve exatamente como o conforto corrompe o resultado e tira das pessoas o que é mais importante para virar um Superstar: a fome de vencer, de se destacar e de brilhar na multidão. Ou seja, fazer o que parecia impossível.

Todas as invenções e empreendimentos que mudaram o mundo surgiram do desconforto e da busca por resolver uma grande dor da sociedade.

Pense no caso do telégrafo, que substituiu a antiga maneira de se comunicar por cartas físicas, as quais muitas vezes demoravam meses para atravessar os oceanos em busca de seus destinatários. Uma invenção que fez com que as pessoas poupassem tempo de vida. Pense, quanto vale o contato com um ente querido, antes de ele partir daqui para sempre?

Um desconforto leva a uma ação, que muda a maneira como fazemos as coisas e desperta um efeito em cadeia capaz de transformar a vida de milhões de pessoas. Assim, o telégrafo evoluiu para o telefone, que facilitou ainda mais a possibilidade de contato entre indivíduos que estivessem até mesmo a milhares de quilômetros de distância entre si. Vieram a telefonia celular e a internet. Agora podemos falar, ouvir e ver as pessoas de qualquer lugar do mundo a todo momento, encurtando distâncias e aproximando a sociedade. Tudo o que hoje temos como facilitadores do nosso cotidiano começou porque alguém teve um incômodo tão grande que resolveu enfrentar o desconforto para entregar uma solução.

E você pode pensar em qualquer outra importante invenção ou transformação histórica. De alguma maneira, o desconforto e a dor foram importantes para que houvesse progresso, criatividade e, claro, riqueza e fama para quem assumiu a responsabilidade de solucionar o que até então era um problema.

Agora, imagine se todos estivessem sempre satisfeitos. Talvez nos encontrássemos dentro de uma caverna, esperando que um animal morresse lá fora para que pudéssemos nos alimentar. Até porque o primeiro humano que jogou uma semente na terra e acreditou que dali sairia um fruto era tudo, menos um satisfeito. E se você, na época, se teletransportasse para essa cena, talvez pensasse: *Será que esse cara está doido? Jogar uma semente no chão e esperar que algo aconteça?*

O BEM QUE PODE FAZER O DESCONFORTO

*Por que todos querem um resultado diferente,
com mais liberdade, vendendo menos vida,
sendo mais respeitados, tendo mais tempo
com suas famílias e seus sonhos, mas
continuam fazendo as mesmas coisas sempre?*

O gênio Albert Einstein definiu a insanidade como "fazer sempre as mesmas coisas esperando resultados diferentes". No entanto, quebrar padrões não é algo tão simples.

Eu já falei sobre conformidade social e, aqui, quero acrescentar outro fator: nosso cérebro adora repetições. Isso porque é um jeito de poupar energia.

Com base em tudo o que aprendemos com nossa família, por meio da nossa formação escolar e dos grupos aos quais pertencemos, estabelecemos algumas crenças que nada mais são do que o modo como interpretamos o mundo à nossa volta e as coisas que acontecem conosco. Essas crenças se transformam em repetições, que se tornam rotinas até que virem hábitos.

Por exemplo, digamos que você queira aprender um novo idioma e só tenha o período noturno para fazer isso. No entanto, você chega em casa, cansado – ainda precisando preparar o alimento – e pensa: *Poxa, eu mereço descansar por trinta minutos vendo a uma série relaxante.* Depois disso, não consegue se levantar do sofá porque seu cérebro diz: "Você precisa descansar, amanhã você começa". E essa rotina se transforma em hábito ao ponto de seu plano inicial nunca se concretizar.

Não estou dizendo aqui que você *não mereça* descansar, mas se aprender outro idioma é importante, você terá que enfrentar o desconforto de abrir mão desse descanso imediato por algo melhor no futuro. É como se encarasse suas noites como um investimento mesmo.

Só que esse modelo atual gera algumas recompensas que seu cérebro não quer perder: o relaxamento, aquele momento de prazer vendo uma série viciante... Então, se você não mudar a estratégia de como funcionam suas noites, o hábito não mudará.

Além disso, há outra pegadinha inconsciente: às vezes, a nossa procrastinação em realizar o que importa também mascara um medo oculto das mudanças que nossa vida sofrerá depois que realizarmos aquilo que estamos adiando. Você pode, por exemplo, perceber que a distância entre você e o seu círculo mais próximo se tornará ainda maior.

Você se lembra do que o dr. Roberto Shinyashiki disse para mim por meio daquele vídeo que passou na minha escola enquanto eu era apenas um adolescente, certo? *Se você não está feliz, você não pertence ao lugar em que está.*

E, embora as mudanças pareçam assustadoras, eu quero dizer a você que, na maioria das vezes, o amanhã é sempre muito melhor. Sempre foi assim.

Comparemos. Há poucas décadas, se você contraísse tuberculose, a possibilidade de morrer era grande. Com a descoberta da penicilina, em 1928, pelo cientista britânico Alexander Fleming, e seu uso como antibiótico a partir de 1942, a maioria dos casos dessa doença passou a ser tratada. Da mesma maneira, se você pisasse em um prego enferrujado, correria sério risco de morrer de tétano, mas desde a década de 1920 temos a vacina antitetânica. E assim por diante. Nós, humanos, temos o dom de transformar o mundo para melhor, por mais que cavaleiros do apocalipse digam o contrário. Nunca houve tanto dinheiro circulando no mundo, tanto alimento, aumento na expectativa de vida e taxa de educação – e assim por diante.

E na vida pessoal e profissional costuma ser assim também. Por exemplo, quando você decide arriscar uma mudança de emprego. Pode ser que o começo seja realmente difícil, e você enfrente muitas incertezas, mas, na última linha do resultado, eu acredito que sempre saímos melhor:

- Com mais clareza do que é de fato importante e do que estamos dispostos a fazer;

- Mais maduros para tomar as próximas decisões com mais segurança;

- Mais fortes porque, mesmo quando a realidade não sai como planejamos, descobrimos que somos plenamente capazes de dar a volta por cima.

QUESTIONE O QUE SÓ *PARECE* BOM

No momento em que escrevo este livro, me vêm à cabeça dezenas de trabalhos que já não necessitam de indivíduos a agir como se fossem máquinas de um sistema, presos a uma fábrica ou escritório. É assustador que as pessoas não saibam disso ainda, porque, afinal, quem trabalha da maneira antiga faz a seguinte negociação: vende seu tempo de vida, que é escasso e o que mais lhe vale, em troca de papel no fim do mês. Esse papel é o dinheiro.

Como eu disse, nunca houve tanto dinheiro, tecnologia, acesso à informação e ferramentas para questionarmos o modo como vivemos e nos organizamos como sociedade. E quando nos damos conta disso, percebemos que, se quisermos ser Superstars, se quisermos reconhecimento e liberdade, não podemos agir como se isso não estivesse acontecendo.

Costumo dizer que, na vida, ou você é um gestor – quem garante as coisas funcionando conforme o determinado – ou é um líder – aquele que tem a visão de arriscar e fazer diferente, assumindo o risco por suas escolhas. Eis o ponto central: para mudar, você terá que liderar.

Com base nisso, perderá a segurança própria da função de gestor, sem ter mais como dividir as culpas quando as coisas dão errado: a máquina, o governo, as regras, os funcionários, o chefe e assim por diante. Quando assume responsabilidades como um líder, se funcionar é *parabéns, você mereceu*; se falhar, algo muito semelhante será dito a você: *merecido*. E não terá para onde correr.

Quantos estão preparados para assumir o próprio destino? Acho que sei o que respondeu. Pois é, eis por que líderes ganham bem e têm tanta liberdade. Eles são dispostos a pagar um preço que outros acham alto demais. E você, o que vai escolher?

Uma regra básica da vida é que risco e retorno são diretamente proporcionais. Se você busca um retorno acima da média, como um Superstar, deve saber que terá, de modo obrigatório, que se arriscar mais, proporcionalmente. Por isso, o posto de Superstar está assegurado apenas aos líderes.

Já os gestores serão necessários para garantir que as metas e os sonhos dos líderes visionários se transformem em realidade. Assim, os gestores serão sempre as ferramentas pelas quais os líderes atingem seus objetivos. Você pode até se zangar com essa verdade, mas a escolha de qual lado quer ficar é sua.

Vou dar um exemplo claro: na minha primeira profissão, que chamo de "outra vida", eu era dentista, um técnico treinado para repetir processos com pouca ou nenhuma margem de criação. Como empresário da área, também estava preso a regras, leis, processos etc., mas ainda não conseguia enxergar por que era tão desestimulado com o que colhia, mesmo quando fazia muito dinheiro. Ao iniciar minha segunda vida, que chamo de "vida plena", entendi de cara que a questão estava ligada a propósito e a assumir a responsabilidade do resultado somente para mim, como se eu fosse um atleta profissional – e meu maior desafio era contra mim mesmo.

Minha nova profissão como operador de mercado tinha todas as características de um líder, e não um gestor. Eu definia a hora de trabalho, de onde trabalhar, rentabilidade, metas e tudo o que faria para atingi-las. O grande drama para a maioria das pessoas é ter de seguir regras feitas por terceiros durante toda uma vida, mas afastar-se delas é quase uma heresia, um crime.

Infelizmente, a rotina da maioria dos profissionais tende a podar a criatividade, a inovação e o brilhantismo, fazendo com que a média domine – sim, o mundo é dominado pelo médio, morno, igual, confiável, previsível, *standart*. Em algum momento da sua vida, se é que isso já não ocorreu, você perceberá que não criou nada e fez pouca ou nenhuma diferença para o todo. Para o líder, isso é inadmissível.

Um dentista com quem tive o prazer de fazer alguns procedimentos no passado resolveu que isto era pouco para sua vida – ir ao consultório, esperar por um paciente, repetir a rotina trocando seu tempo por uma remuneração abaixo do que precisava para ter mais conforto e tranquilidade. Para ele, todo esse esforço com pouco retorno não fazia sentido.

Totalmente desconfortável com a situação, buscou um caminho diferente. Como não tinha ideia clara e concreta do que fazer, mas sabendo que sua área estava em pleno crescimento no país, com o tratamento dentário ficando mais barato para a população, resolveu caminhar para o empreendedorismo, sabendo que uma revolução surgia no horizonte da ciência odontológica com a osteointegração – que nada mais é do que a descoberta de que um metal, o titânio, tinha a propriedade de se fundir ao osso, virando quase um corpo único. Essa transformação abria um mercado gigantesco, por exemplo, para aqueles que tinham perdido elementos dentários os quais poderiam ser substituídos por elementos protéticos fixados nos implantes. No entanto, essa tecnologia era caríssima, principalmente para países em desenvolvimento como o Brasil e toda a América Latina. Por isso, ele iniciou a fabricação desses elementos em nosso país, buscando baratear e ao mesmo tempo popularizar o tratamento, fundando assim a Neodent, empresa que no futuro viria a ser a líder do mercado na América Latina.

Havia uma série de problemas a serem resolvidos: patentes, equipamentos, profissionais qualificados, clientes, entre outros. Como um bom líder, ele assumiu o risco e mergulhou no sonho de ser um dentista diferente. Iniciou sua empresa como poderia, e não como deveria. Resolveu que a melhor maneira de ter bons clientes era educando os colegas dentistas, ensinando-os como prescrever e executar esses procedimentos aos pacientes, criando um verdadeiro exército de profissionais que não só conhecem, como utilizam e defendem a marca. Percorreu todo o país ministrando cursos, durante muitos anos. Quanto aos produtos, foi aprendendo a encurtar e baratear os processos de fabricação.

Conforme seu negócio crescia, se transformou em um grande empresário, não somente um empreendedor como no começo. Com um verdadeiro império em suas mãos, já o maior fabricante de seu ramo na América Latina, em alguns anos de expansão ele recebeu uma proposta bilionária – você leu certo, bilionária – para vender seu negócio a uma multinacional alemã.

Ele concluiu essa operação, tornando-se o dentista mais rico do mundo, com um patrimônio de bilhões de reais. Mas não parou de empreender; pelo contrário, passou a atuar como investidor e empresário do ramo imobiliário. Sua fortuna permanece em ascensão.

Detalhe: ele se transformou no dentista mais rico do mundo, mesmo tendo vindo de uma pequena cidade, de um país com uma série de deficiências sociais, que é o Brasil, onde grande parte da população não frequenta dentistas.[11]

---

[11] Pesquisa de 2019 realizada pelo IBGE mostra que menos da metade dos brasileiros com mais de 18 anos havia ido a um dentista nos doze meses anteriores. Informação obtida em: CURY, R. Um grande problema e uma solução viável para a saúde bucal dos brasileiros. **Veja Saúde**, 28 dez. 2020. Disponível em: https://saude.abril.com.br/coluna/com-a-palavra/um-grande-problema-e-uma-solucao-viavel-para-a-saude-bucal-dos-brasileiros/. Acesso em: 22 abr. 2023.

Um homem que se sentiu desconfortável exatamente quando tudo em sua vida poderia ser visto do modo oposto, estável, seguro, confortabilíssimo. E então construiu um caminho próprio, com criatividade, atitude e coragem, tendo assumido grandes riscos a cada passo. Ficam aqui o meu respeito e a minha admiração ao Geninho Thomé[12], que me ensinou não só a fazer um implante, mas que tudo é possível para quem ousa fazer diferente.

Reflita: o que a história de Geninho provoca em você? O que deseja deixar de fazer e, melhor ainda, o que tem vontade de realizar?

Sabemos que apenas uma pequeníssima parcela da população mundial vive dessa maneira – e olhe que conseguir isso é puramente matemático, só depende de conhecimentos básicos e disciplina. Tudo o que mostrarei aqui será possível de aplicar para qualquer um e em quaisquer situações.

Se você acredita que merece mais, não adianta pedir e esperar sentado. Tem muito trabalho pela frente. Nesse sentido, porém, tenho um amigo que costuma dizer que não aceitaria ser malsucedido e pobre em um mundo com tantas pessoas despreparadas, preguiçosas e satisfeitas. Então, é uma questão de honra para ele conseguir cada vez mais. Esse modo de agir

---

12 CALAIS, B. De dentista a incorporador: o bilionário brasileiro por trás maior edifício residencial da América Latina. **Forbes**, 27 maio 2021. Disponível em: https://forbes.com.br/forbes-money/2021/05/de-dentista-a-incorporador-o-bilionario-brasileiro-por-tras-do-maior-edificio-residencial-da-america-latina/. Acesso em: 22 abr. 2023.

faz com que ele não tenha escolha, a não ser, a todo momento, procurar o desconforto do crescimento – o que o deixa sempre motivado e ativo.

O mundo quer saber agora o que você gera de valor e o quanto entrega. E ficará satisfeito de retribuir a contento.

Tem pessoas que olham para as referências de sucesso e perguntam: "Como alguns se tornam máquinas de conquistas?". Como eu gosto de afirmar, não existe máquina de conquista. Há apenas uma máquina de procurar o desconforto. Tudo o que você quiser conquistar vai ser desconfortável, mas garanto que no final vale a pena.

PROCRASTINAÇÃO

Sabe aquela sensação de deixar para depois, de saber que algo deve ser feito, mas, ainda assim, não o fazer? Isso pode ser a diferença entre trilhar o sucesso ou amargurar o fracasso de ter ficado na intenção. Vou dividir com você algo que me ajudou muito a combater esse mal.

Para compreender o funcionamento desse comportamento, devemos entender como age a dopamina, um neurotransmissor produzido pelo cérebro que ajuda a transmitir sinais entre as células nervosas. Ela desempenha um papel importante em diversas funções do organismo, incluindo movimento, controle motor, regulação do humor, motivação, recompensa, atenção e aprendizado. Nós temos uma linha base de dopamina na qual se encontra o equilíbrio, e aqui está a chave. Quando atingimos picos de dopamina, durante um momento muito excitante – como em uma grande vitória –, há uma regulação posterior, que trará esse nível abaixo com a mesma intensidade. Por esse motivo, é comum ficarmos deprimidos depois de uma grande conquista. Isso também explica a dificuldade de artistas famosos que, ao saírem de um palco em frente a milhares de pessoas, têm de assistir à baixa abrupta da dopamina em seus quartos de hotel sozinhos. Percebe o perigo desse funcionamento?

Se tivéssemos uma régua desse neurotransmissor em que o basal fosse 2, e a determinado estímulo fizéssemos pico de liberação em 5, isso traria uma euforia e um bem-estar extremo, mas, como correção, nosso organismo cortaria a liberação para zero, a fim de conter o pico – o que nos levaria do topo ao fundo de uma vez só. Desse modo, o único modo de continuarmos tendo qualidade de vida seria nos viciarmos em dopamina e tentarmos ficar no topo a todo momento, com mais e mais liberação, provocando a reação contrária. Isso porque quanto maior o pico, maior será a queda dela, diretamente proporcional.

O que fica mais evidente a cada dia é que o segredo está em evitar os picos agudos. No entanto, como conseguir isso? Procure a dificuldade e a dor. Parece contraditório, não? Pense, porém, no seguinte: quando estamos em uma dificuldade, temos uma inibição inicial da dopamina, que será contrabalanceada por mais liberação de neurotransmissor, conseguindo assim um nível basal, que é excelente. Logo, faça coisas difíceis, pois o desconforto o ajudará.

Em vez de ir para a academia pensando no resultado que terá daqui a um tempo – algo que gera pico de dopamina –, faça o esforço necessário daquele dia, pois o esforço da disciplina regula seu neurotransmissor.

O BEM QUE PODE FAZER O DESCONFORTO

Nós criamos inúmeros artifícios para fazermos algo de que não gostamos. No caso da academia, por exemplo, é normal convidarmos algum amigo para nos acompanhar, tomarmos um energético antes do treino, ouvirmos músicas enquanto praticamos o exercício. Na realidade, a melhor estratégia é justamente nos acostumarmos com o desafio e com a dor do progresso. No final, a disciplina é a chave; de outro modo, é impossível procurarmos o desconforto e a dor.

Há poucos dias, algo muito interessante ocorreu em minha vida que evidenciou e muito essa minha maneira de agir. Eu tinha estourado minha corda do violão enquanto tocava com amigos em um dia chuvoso, na praia. Por mais que esse fato tenha estragado o som, não arruinou a minha noite e eu continuei tocando como se a corda estivesse lá, até porque eu já era um instrumentista ruim até com todas as cordas! No outro dia, veio-me a tarefa de substituir as cordas do violão, no entanto algumas coisas me afastavam disso: além de eu estar no meio de um grande projeto profissional, tinha de ir comprar novas cordas – que, para piorar, são caras e difíceis de encontrar. Mas, como sou programado para resolver problemas e não procrastinar, comprei novas cordas, voltei para casa e comecei a fazer o que devia ser feito, como um líder de minhas escolhas.

Ao instalar a terceira corda novinha em folha, de baixo para cima (a sol), quando girei a tarraxa para prendê-la, ouvi um baque. A corda se rompeu e acertou o meu rosto. A vontade era de destruir violão, cordas e metade da casa inteira, porém deixei tudo de lado por algum tempo e me veio o dilema: *E agora? Recomeçar ou desistir?* Consegui novas cordas da mesma marca, retirei as que havia instalado um dia antes e recomecei com todo cuidado do mundo. Gastei quase uma hora para trocá-la, algo que normalmente faço em minutos, mas o senso de dever cumprido valeu cada segundo. Para mim, eu tinha vencido o destino, o imponderável, o acaso. *Não vai ser uma corda de violão que me vencerá*, pensei. *Tenho de fazer o que deve ser feito para chegar aonde desejo.*

COMO QUEBRAR O CICLO DE UMA VIDA MEDIANA

UM FUNCIONAMENTO ANCESTRAL

Nosso cérebro tem alguns dispositivos pré-instalados, os quais já nos afastam naturalmente do alto rendimento e do sucesso. Basta você parar e analisar por um instante, que ficará muito claro. Em grande parte, nossos atos são decididos em milésimos de segundos, de modo automático, pelo nosso cérebro – sem nos dar chance para que possamos refletir sobre a atitude ou o resultado. Claro, isso ocorre para nos proteger e ainda poupar energia – como citei no capítulo anterior, em relação aos nossos hábitos.

E se tivéssemos de refletir sobre fugir ou encarar um leão vindo em nossa direção? Ou mesmo medir a energia despendida para pensarmos todos os dias em como escovamos os dentes, ou pensar no passo a passo para dirigir um carro, em detalhes? Esse dispositivo de automatização faz com que tarefas repetitivas se transformem em programação automática – e por isso, algumas vezes, dirigimos por horas sem sequer lembrarmos por onde passamos. É o piloto automático da mente.

Veja como é nosso funcionamento básico: a mente está programada para a sobrevivência e a perpetuação da espécie com a procriação. Isso não é uma escolha; trata-se do sistema operacional básico. Assim, reflita: como seu corpo reage quando decide consumir menos calorias e gastá-las mais em exercícios em uma academia? Ele considera isso uma ameaça de morte! Lógico. Na programação original, o melhor seria armazenar a gordura para os momentos de escassez, e não a queimar só para ficar mais bonito sem camisa na praia. Esse é um dos motivos pelos quais, com a oferta farta de calorias depois da industrialização, o mundo enfrenta uma pandemia de obesidade,[13] com todos os outros males que vêm com ela, como diabetes, problemas cardíacos, hormonais, entre outros.

Esse exemplo é um dos que deixam claro por que é tão difícil se afastar da média e virar um Superstar. É simplesmente contranatural. Seu corpo e sua mente lutarão contra isso a todo instante, querendo voltar à programação original.

----

13 "OBESIDADE: uma pandemia contínua" – 29/5: Dia Mundial da Saúde Digestiva. **Biblioteca Virtual em Saúde**. Disponível em: https://bvsms.saude.gov.br/obesidade-uma-pandemia-continua-29-5-dia-mundial-da-saude-digestiva/#:~:text=Ao%20mesmo%20tempo%2C%20a%20pandemia,devastador%20quanto%20qualquer%20pandemia%20infecciosa. Acesso em: 22 abr. 2023.

No corpo, chamamos isso de efeito sanfona. A luta contra esse problema é tão dura que, além da mente, o corpo também reage contra essa mudança. Se você consumir menos calorias, seu corpo automaticamente diminuirá seu metabolismo basal, poupando energia e queimando menos calorias, para proteger você. E quando você voltar para um consumo calórico normal, sua máquina biológica poupará energia, ao mesmo tempo que você vai ingerir mais, fazendo com que engorde tudo de novo de maneira rápida.

Parece assustador, não é? Só conseguiremos sair desse *looping* se tivermos clareza de como isso tudo ocorre e agirmos na direção correta.

> *Para alcançarmos resultado diferente dos outros, teremos que mudar a programação, tomando consciência de que isso é agora uma escolha pessoal, e não mais uma herança adaptativa.*

Essa mesma lógica serve para quando você pensa nas mudanças que quer fazer na sua vida financeira ou no seu modo de lidar com outras pessoas, seja para ter mais controle sobre suas finanças e começar a investir, seja para conseguir se posicionar melhor no seu trabalho ou nos seus relacionamentos. O tempo todo o nosso cérebro quer nos proteger de emoções que ele associa como ruins e estressantes.

No meu modo de enxergar a vida, o ideal é não confiar o meu destino a uma programação evolutiva de milhões de anos. Eu não permito que minhas escolhas sejam feitas no automático. Essa decisão exige conhecimento, atitude e principalmente coragem, pois você estará enfrentando a própria natureza, sua programação ancestral.

No entanto, o que eu chamo de liberdade é isto: ter o máximo controle e tornar-me a melhor versão de mim mesmo. Ainda que isso signifique vencer meu cérebro.

O exercício que proponho agora é de imaginação. Se nós já falamos dos principais problemas que nos cerceiam, que nos impedem de chegar ao patamar que merecemos na vida e estão, em grande parte, já identificados por você, imagine-se sem eles.

Escreva como você se vê e o que sente tendo desenvolvido seu máximo potencial nas relações com as pessoas que ama, no trabalho que sempre almejou, depois de realizar o que intuiu que poderia fazer, mas por diversos motivos não fez.

_____

_____

_____

_____

_____

_____

_____

_____

_____

Agora, releia as próprias palavras e tome-as para si como uma proposta para você alimentar seu motor de energia a fim de realizar os passos que o aguardam.

O MÉTODO 7 + 1

Chegou o momento de explicar o método que desenvolvi, que chamo de 7 + 1. Ele é um passo a passo de como conquistar qualquer coisa na vida. Se você o aplicar com afinco, garanto que se surpreenderá de uma maneira assustadora.

Quando comecei este livro, eu me comprometi a falar para você sobre o que estava por trás das histórias de maior sucesso. E é justamente isso que veremos a partir de agora.

Não só pela minha vida, mas também estudando as biografias mais inspiradoras, percebi que grandes resultados eram construídos com base em princípios simples, sobre os quais você, inclusive, já deve ter ouvido falar em outros momentos. No entanto, o sucesso não está em criar coisas mirabolantes, mas em ter consistência da entrega bem-feita. E esses princípios serão norteadores para que você:

- Consiga construir hábitos poderosos para alcançar seus objetivos;

- Saiba como agir para transformar o desconforto em alavanca para o seu crescimento em todas as áreas da vida;

- Tenha uma vida épica!

É de uma maneira simples, lógica e matemática que o método 7 + 1 permite a você alcançar o que mais sonha. É uma lógica exata, infalível e com resultados imediatos.

OS 7 FUNDAMENTOS DE BASE

1. **O porquê:** tenha uma razão inabalável para tornar seu projeto de vida inegociável;

2. **Princípios:** encontre a base para alcançar os melhores resultados;

3. **Poucas escolhas:** libere sua mente para focar apenas o que o tornará o melhor no que de fato importa;

4. **Táticas e estratégia:** busque a clareza do objetivo final e as ferramentas para chegar lá;

5. **Antifragilidade:** transforme as dificuldades em mais força e resiliência;

6. **Modelar:** use bons exemplos como recurso para acelerar os resultados;

7. **Atitude:** ideias não valem nada se não saírem do papel, então aprenda a ser um realizador.

PASSO DE OURO

7 + 1 – Faça dos passos anteriores um hábito de conquista.

O método deve ser utilizado como um algoritmo, assim como sua definição no dicionário: "uma sequência finita de regras, raciocínios ou operações que, aplicada a um número finito de dados, permite solucionar classes semelhantes de problemas". Ou seja, transformaremos esses princípios em uma rotina para que o seu cérebro passe a aplicá-la de maneira recorrente e consistente todas as vezes que você decidir conquistar algo novo.

> *Quando me perguntam se este livro é de autoajuda, sempre devolvo outra pergunta: e de que ajuda você necessita na vida, senão a sua? Você verá que, se souber ajudar a si mesmo, conquistará o sucesso que sempre buscou.*

Esses sete fundamentos deverão ser aplicados aos três pilares da vida:

- Seu corpo;

- Sua mente;

- Seu bolso.

É tipo uma fórmula secreta de como ser mais bonito, saudável, inteligente, interessante, rico e muito próspero.

Para um Superstar, há a necessidade de conquistar tudo o que pode e deseja, e de aproveitar a felicidade que o tempo oferta. Uma prova exata disso é a fórmula da riqueza. Sim, há uma fórmula para isso – e todos os ricos a conhecem muito bem e a utilizam a todo tempo. Eu a descobri quando ainda era um adolescente e, com a necessidade de ser diferente, decidi que queria ser rico. No entanto, como conseguir isso? Minha ideia foi simples: *Vou copiar aqueles que já são muito ricos. Mas onde os encontrar para poder copiá-los?*

As cem pessoas mais ricas do mundo foram reunidas pela revista *Forbes*, e estudei a vida de cada uma delas de modo detalhado: o que faziam, de onde tinha vindo seu dinheiro, em que investiam e especulavam, quais eram seus princípios etc. Isso fez com que eu tivesse muitos mentores sem nunca sequer tê-los conhecido pessoalmente.

Foi assim que descobri essa fórmula – e você também a conhece, só não tem a intimidade necessária para utilizá-la corretamente.

Fórmula da riqueza = aporte × taxa de retorno × tempo

Viu como você já conhecia? É a fórmula dos juros compostos que você deve ter aprendido ainda na escola – embora talvez a tenha esquecido. Sim, enriquecer é muito fácil, basta gastar menos do que ganha e investir o resto a longo prazo. Assim, sempre se fica rico no futuro; trata-se de uma certeza matemática.

Como deve ter percebido, há três variáveis para você trabalhar – e quanto mais se aperfeiçoa em cada uma delas, mais rápido e efetivo vira o processo, pois você aprende como ganhar mais dinheiro e gastar menos, em proporção. Com certeza, sobra mais dinheiro para aportes e você vai aprendendo mais sobre investimentos, conseguindo taxas de retorno mensal melhores, em comparação à média das pessoas. Isso faz com que tenha mais convicção para aguardar o tempo necessário da colheita de seus investimentos.

E assim como a riqueza financeira é uma fórmula matemática, eu acredito que uma vida épica é a aplicação do algoritmo 7 + 1. Quanto mais tempo e foco você colocar nesses sete fundamentos, melhor será a sua proficiência em aplicá-los e convertê-los em resultados.

E, assim como no caso das finanças, o tempo é a variável mais importante. Porque as decisões que você toma agora têm um impacto exponencial por causa dele. Então, meu desafio a você é: pare de adiar o seu compromisso consigo mesmo.

SEJA O PRÓPRIO DEUS

Diversas obras buscam encurtar o caminho para uma vida mais plena e de mais realizações. Muitas delas foram os ingredientes para que eu criasse meu método. E posso lhe assegurar: o que faz um bom bolo não é somente uma boa receita, mas também uma ótima boleira, o forno, os ingredientes etc. Que tal oferecer uma receita bem detalhada e você se dedicar em ser um bom executor?

Meu objetivo nunca foi o de apenas vender um livro, ou aparecer na lista dos mais vendidos – se isso ocorrer, será colheita extra. Escrevi este livro porque quero que você conquiste o mesmo que eu consegui e vi milhares de outras pessoas alcançarem. Assim, podemos criar uma corrente construtiva, que muda o mundo.

Um dia me deparei com uma frase que fez toda a diferença em minha vida: "Não se preocupe em deixar um mundo melhor para seus filhos; em vez disso, certifique-se de deixar um filho melhor para o mundo".[14] *Boom!* Minha cabeça explodiu.

Claro, estamos sempre pensando em algo inalcançável, só para ter uma desculpa pronta para não ter atingido o resultado esperado. Até porque, como

---

[14] Não há autoria identificada fidedignamente desta frase.

poderíamos mudar o mundo sozinhos? A resposta está muito mais perto e alcançável do que você imagina: assumindo a responsabilidade, você muda todo o jogo.

Ao mudar a minha vida e a de meu filho, eu posso transformar a vida de milhares ou milhões de pessoas.

Por sua vez, cada um desses humanos impactará muitos mais, eis a lógica. Assim, nós formaremos uma grande rede de melhoria do mundo. Incrível, não é mesmo?

Eu acredito que nós somos nosso Deus, e, sim, tudo está em nossas mãos. Portanto, assuma a responsabilidade e brilhe como um Superstar, ou se esconda na segurança da mediocridade – mas saiba que passará toda a vida com um vazio imenso, o qual não saberá como preencher. Agora, a escolha é sua.

Se você parar para fazer uma lista de tudo o que deseja mudar urgentemente em sua vida e que o levará a ser um Superstar, perceberá que os itens referem-se a refazer sua programação mental, inibindo a antiga e instalando uma nova. Entretanto, como fazer para programar um novo algoritmo que o levará à sua melhor versão?

Aqui entra o método. Além de ensinar como se programar para o que deseja, vou mostrar como "salvar as modificações" para que você não deixe que comportamentos antigos e prejudiciais aos seus sonhos retornem. Assim, esses novos modos de agir se transformam em uma nova programação automática para você.

Vamos a eles.

1. COMECE PELO PORQUÊ

Essa é sua real motivação para agir. Lembre-se: motivação é diferente de animação e empolgação. Preste atenção na palavra "motivação": o motivo de sua ação, que, em geral, ocorre ao sair de uma palestra, depois de assistir a um filme, show, ao finalizar um livro ou reunião. Em momentos como esses, ansiamos por algo novo, mas em poucas horas essa sensação se esvairá, deixando uma lembrança. Ao contrário, temos motivação para ir trabalhar a fim de comprar a comida que sustenta nosso filho, ou mesmo uma flor para entregar a alguém que amamos, somente para ver o sorriso dela. Entendeu? Um motivo para a ação.

> *Quando o seu porquê é forte o bastante, nada no mundo o impede de obter sucesso.*

Qual será a sua recompensa?

Só aceitamos e focamos algo quando isso está muito claro para nosso consciente e subconsciente. Então, é preciso ter uma visão clara do que será nossa recompensa, de como será a nossa vida depois de colocar todos os nossos planos em ação. É possível, inclusive, criar um mural com fotos e vídeos para que seja um lembrete diário da razão para tudo o que faremos a partir de agora.

No filme *À procura da felicidade,*[15] o personagem interpretado por Will Smith passa pela própria via-crúcis, tendo que amargar todos os sofrimentos da vida junto

---

15 À PROCURA da felicidade. Direção: Gabriele Muccino. EUA: Overbrook Entertainment, 2006. (1h57min).

de seu filho, ainda uma criança. Essa obra deixa muitos insights para todos que assistem a ela, pois mostra que, quando temos um porquê muito forte, ninguém pode nos parar – não importa quanto está marcando o placar.

O personagem empreendeu, faliu, perdeu a esposa – que abandonou os dois na primeira dificuldade –, morou em albergues e até mesmo na rua com seu filho criança. Para aguentar essa situação, ele inventou um mundo paralelo para abrandar a dor de sua criança, em uma prova de que o *fake until you make it*[16] não só conforta e dá esperança em meio à adversidade, como projeta um futuro esperado. Ele não desistiu um segundo sequer; depois de vários percalços, buscou uma posição em uma corretora de valores, no mercado financeiro – vaga para a qual não era preparado e que disputava com pessoas muito mais gabaritadas e com ótimos diplomas e currículos. No entanto, seu porquê – provar ao filho o quanto era bom – foi mais forte, pois era uma saída para largar os albergues em que morava com a criança e se transformar em um funcionário. Na sequência, se tornou sócio do negócio; e, posteriormente, dono de uma corretora e multimilionário – até virar estrela mundial depois do lançamento do filme. Algumas frases desse filme foram imortalizadas e gostaria de dividir algumas com você, pois são basilares na vida:

----

16 Expressão popular que, em português, significa algo como *finja até que se torne verdade*.

- "O mundo é sua ostra. Cabe a você encontrar as pérolas."

- "Nunca deixe alguém dizer que você não pode fazer algo. Nem mesmo eu. Tudo bem?" Explicando ao filho que ele deveria ser líder de seu destino.

- "Faça essa caminhada e vá em frente o tempo todo. Não apenas converse, caminhe e vá em frente. Além disso, a caminhada não precisava ser longa; passos de bebê também contam. Vá em frente."

- "Quando eu era jovem e tirava A, tinha uma boa sensação de todas as coisas que poderia ser. E, então, eu nunca me tornei nenhuma delas."

- "Eu só tenho duas perguntas para você. O que você faz e como o faz?" Claro, o porquê ele já tinha.

- "A riqueza também pode ser aquela atitude de gratidão com a qual nos lembramos todos os dias de contar nossas bênçãos."

Cada frase dessa é um manual de como atingir o topo. Basta aproveitá-las.

Essa história é real e trata da vida de Chris Gardner, cujo porquê o levou ao encontro da felicidade.

A cada dia fica mais clara a importância deste item. Há até pouco tempo, o importante era seguir o porquê dos outros: "Fiz faculdade de tal curso, pois minha família ...", ou "Quem casa quer casa", "Bom mesmo é ser funcionário público e ter estabilidade". Todas essas máximas eram dadas por terceiros e hoje, mais do que nunca, quem busca ser um Superstar deve assumir a responsabilidade de seu porquê.

No best-seller *Comece pelo porquê*,[17] o escritor Simon Sinek aborda o quanto o resultado muda quando estamos alinhados com o nosso porquê. Simon se transformou em um guru internacional e sua palestra sobre o tema, em um TED Talk, foi a terceira mais assistida da história, com milhões de visualizações. Simon parte do princípio do círculo dourado, que seria o seguinte: imagine um alvo em que o círculo central e menor é "O porquê", seguido de outro círculo um pouco maior ("Como?") e, por último, do círculo maior que abraça os outros dois ("O quê?"). Segundo esse autor, a maioria das pessoas e empresas foca geralmente as camadas externas do círculo ("Como?" e "O quê?"), dando menor importância para "O porquê", no centro. Para Simon, isso é uma grande falha estratégica. Em sua obra, ele apresenta diversos exemplos para afirmar sua tese. Em uma delas, relata um anúncio de emprego feito pelo aventureiro inglês Ernest Shackleton, no início do século XX, que ao procurar um tripulante para sua embarcação, para se aventurarem juntos desbravando a Antártica, não fez o trivial. Ao invés de anunciar "precisam-se de pessoas para expedição com mais de cinco anos de experiência, e que saibam içar uma vela mestra, para trabalhar com um capitão fanático", ele divulgou o seguinte: "Precisa-se de homem para uma jornada arriscada, com baixos salários, para enfrentar muito frio e longos meses no escuro total, com perigos constantes e retorno seguro duvidoso, honra e reco-

---

17 SINEK, S. **Comece pelo porquê**: como grandes líderes inspiram pessoas e equipes a agir. Rio de Janeiro: Sextante, 2018.

nhecimento em casa de sucesso". Percebe a diferença dos dois anúncios? No primeiro, o foco está em "O quê?"; já no segundo e original, o foco é "O porquê". Mesmo enfrentando diversos reveses, a tripulação conseguiu retornar a salvo para casa e até hoje todos eles são considerados verdadeiros heróis.

É muito melhor algo bom com um porquê do que algo maravilhoso sem ele. Grande parte dos exemplos dados por Simon se refere à Apple, gigante da tecnologia que, mesmo não vendendo sempre os melhores produtos, tem o melhor porquê, fazendo com que seus clientes deixem de ser somente consumidores, para virarem entusiastas da marca. Acredito que se você não é um "Applemaníaco", decerto já discutiu com um sobre determinado produto, para quem englobou a visão do porquê de Steve Jobs e sua maçã. É uma heresia compará-los a qualquer fabricante de tecnologia, pois não é mais sobre o aparelho, mas sobre pertencer a uma causa, a um propósito.

Dizem que quando competimos contra outros ninguém nos ajudará. Agora, ao competir contra você mesmo, todos estarão lá para ajudá-lo. O círculo dourado lhe dará um senso de propósito, algo pelo qual vale a pena lutar, e só isso já será um grande impulso para você. Isso porque a cada dia é mais difícil descobrirmos o motivo de fazermos o que fazemos; agimos no automático, vivendo os desejos dos outros, e não os nossos, como se fôssemos atores de nossa vida.

Esse é o falso porquê. Talvez você até acredite que tenha um porquê claro em sua mente, mas a questão é: esse porquê é seu ou foi imposto por outros?

FALSOS PORQUÊS =
PRESSÃO SOCIAL x SÍMBOLO DE DIFERENTE PROPÓSITO DE VIDA

Seu porquê o diferenciará dos outros, fazendo você agir diferente; assim, logo logrará resultados diferentes, que é tudo que um líder deseja na vida. Isso lhe permitirá romper com o *status quo*, ousando ser uma estrela. Nunca se esqueça de que o grande superpoder de um líder não é ter somente um título, mas ser seguido pelo seu propósito; assim, terá um exército lutando o mesmo sonho.

Outro caso bem detalhado na obra de Sinek que nos faz refletir é da montadora de motocicletas Harley-Davidson, a qual, antes de focar o que faria ou como o faria, decidiu priorizar em quem e no porquê. A empresa vende motocicletas mais caras, pesadas, barulhentas e lentas que suas concorrentes, mas seu storytelling é imbatível: não vende motos como as outras, mas a liberdade de ser como você quiser, como um fora da lei; trata-se de um estilo de vida, e contra isso não há competição. Seus clientes têm um senso de pertencimento, que faz com que muitos tatuem a marca em seus corpos, sendo que alguns nem sequer são donos de uma motocicleta da marca. Quanto sua vida pode mudar se você descobrir seu real lugar no mundo e o porquê de estar aqui? Qual é o seu melhor? Desfrute de tudo isso com pessoas que o seguirão para o mesmo destino, esse é o primeiro ponto da transformação.

Agora pense no seu porquê verdadeiro para se tornar um Superstar. Qual seria ele? Por que você precisa *dar certo*? Não adiantará saber o que quer e como conseguir se não tiver claro o porquê primeiro. Esse é o motivo de fórmulas, métodos, receitas, dietas não darem certo: falta o principal ingrediente.

2. PRINCÍPIOS

São a base de tudo. Trata-se das regras que você utilizará para obter o melhor resultado em todas as áreas da sua vida. Eles serão fatores binários – sim ou não –, sem margem a interpretações, que estarão na primeira camada de decisão dos seus próximos passos. Dessa maneira, sua tarefa é selecionar bem os princípios que estarão na base de todo e qualquer plano de execução que você determinar daqui para a frente.

Princípios são importantes por serem 100% confiáveis. É mais ou menos assim:

- Gastar mais energia do que ingerir é igual a emagrecimento.
- Gastar menos dinheiro do que receber é igual a enriquecimento.
- Ter interesses por mais coisas é igual a tornar-se mais interessante.

Você percebeu? Esses exemplos são inquestionáveis. Nunca falham. É como a matemática. Quanto maior o rol de bons princípios para atingir a versão que sonha, mais próxima dela você estará. Isso, em si, já é um novo princípio.

É interessante perceber que a geração atual, que é tão massacrada como uma geração mais desligada e com menos sonhos – o que muitos descrevem como geração "nem-nem", nem trabalha e nem estuda –, pode estar aprendendo princípios de uma maneira nova e mais rápida.

Deixe um celular na mão de uma criança por algumas horas. Provavelmente, logo verá que ela assistiu a vários vídeos e ainda baixou um novo jogo, o qual aprendeu a jogar na internet e cujos princípios básicos de como vencer o desafio para alcançá-lo ela já sabe. Se conseguir relacionar isso a como as conquistas na vida ocorrem, estará anos-luz à frente de muita gente.

Ray Dalio, bilionário, filantropo e um dos mais geniais gestores de fundos de investimento da história, escreveu a obra-prima chamada *Princípios*,[18] na qual revela a matriz de todas as suas realizações, base para o grande sucesso de sua empresa, a Bridgewater – uma das maiores gestoras de fundos do mundo, com trilhões de dólares sob custódia. Dalio relata que sempre tratou o mercado e seus negócios como um algoritmo e que, assim, desenvolveu as boas práticas que o levariam ao topo. Depois de algum tempo, desenvolveu um programa de computador para que pudesse automatizar a gestão de seu negócio. Com ele, a politicagem e a bajulação dariam lugar a resultados concretos, determinando como e quem agiria a cada momento.

----
18 DALIO, R **Princípios.** São Paulo: Intrínseca, 2018.

Segundo Dalio, os princípios são verdades que servem como a fundação para o nosso comportamento, as quais podem ser aplicadas em qualquer situação para qualquer pessoa. Ele sugere que todos deveríamos estabelecer princípios baseados em nossos valores, objetivos e experiências, aplicando-os tanto em nossa vida pessoal como profissional. Alguns dos princípios que ele defende são:

- Seja radicalmente transparente em suas atitudes e em sua maneira de se comunicar com os outros;

- Aceite a realidade e lide com ela, mesmo quando é difícil e desconfortável;

- Princípios vêm antes das pessoas, ou seja, decida baseando-se naquilo que você acredita, e não para proteger egos ou preferências individuais;

- Quando refletimos sobre nossas falhas e dores, progredimos.

Então, como primeiro fundamento da minha proposta para você construir o seu algoritmo do sucesso, peço que reflita: quais princípios você quer que sejam a base das suas decisões daqui em diante? Elenque pelo menos cinco verdades inegociáveis para a sua vida épica:

1. _____

2. _____

3. _____

4. _____

5. _____

Em geral, princípios estão atrelados a provas, ciência, e não a crenças e esperanças, dando pouca ou nenhuma margem a interpretação. Para descobri-los, você deverá procurar conhecimento, os quais, na maioria da vezes, descobrirá modelando a vida de alguém que já conquistou o que você sonha tanto. No caso de seu objetivo ser se tornar um bilionário investindo no mercado financeiro, sem dúvida alguma a melhor maneira seria aprender com quem já o é. Com o tempo, perceberá que todas as pessoas que alcançaram algum grau de relevância em suas áreas serão fonte de bons princípios para atingir o mesmo propósito.

O megainvestidor e filantropo Warren Buffett é um bom exemplo disso. Acredito que nenhum investidor na história dividiu tantos conhecimentos e princípios quanto ele, não só de maneira professoral e acadêmica, mas também com atitudes demonstradas no dia a dia que corroboram com a ação e reação de seus princípios básicos. Alguns deles são até muito simples, como: invista em valor; só coloque seu dinheiro em uma empresa da qual tenha a certeza de querer ser dono. Parece óbvio, mas raríssimas pessoas levam isso em consideração, preferindo a opinião de terceiros, como analistas, corretores, amigos, influencers, entre outros.

Em sua biografia *A bola de neve*,[19] fica claro que seu foco sempre mirou a longo prazo e a consistência, não

---

19 SCHROEDER, A. **A bola de neve**: Warren Buffett e o negócio da vida. Rio de Janeiro: Sextante, 2008.

tomando atitudes intempestivas mesmo durante as maiores crises.

Gastar menos do que ganha. Por muitos, Buffett é considerado um sovina, pois, mesmo sendo um dos homens mais ricos do mundo, ainda mantém um estilo de vida humilde e pacato, na mesma cidade de criação em Omaha, dirige um carro usado e mora na mesma casa que adquiriu durante seu primeiro casamento, décadas atrás.

Pense por si mesmo, com suas convicções, e o tempo recompensará você. Buffett é reconhecido por ter um estilo próprio e uma personalidade de liderança que, além de encantar pessoas, faz com que elas se juntem em seus projetos.

O prêmio está no trabalho que ama, faz bem e o define. Buffett descobriu cedo no que era bom e qual era seu papel na vida, e dedicou cada segundo a isso, permanecendo assim até o momento em que escrevo. Com mais de 90 anos, trabalha todos os dias, mesmo tendo acumulado fortuna.

É importante lembrar que grande parte dos princípios de investimento de Warren Buffett, segundo ele mesmo, veio de seu professor e autor Benjamin Graham, o investidor inteligente.

Dois pontos se encontram aqui: primeiro, se quer aumentar a probabilidade de ser um grande investidor, pegue os princípios desse gênio; segundo, ele mesmo provou que essa estratégia funciona quando se inspirou nos princípios de Ben Graham.

Agora, mãos à obra: liste os princípios mais importantes para atingir seu sonho.

OS 7 FUNDAMENTOS 105

3. POUCAS ESCOLHAS

Vamos tratar agora do que considero o grande mal da humanidade hoje: ter muitas escolhas e, por isso, não saber o que focar. Afinal, ter muitas escolhas, *a priori*, parece uma dádiva, mas nosso cérebro não foi projetado para isso. Ele se cansa nessa situação, sem poder se concentrar em atividades ou reflexões, mesmo descansar, e fica claramente insatisfeito.

Há alguns anos, a *Harvard Business Review* publicou uma matéria explicando por que escolhas demais podem nos paralisar.[20] Eles comentam um estudo realizado em um supermercado em que foi montada uma mesa de degustação com 24 sabores de geleia, a qual era acompanhada de um display chamando muita atenção. Todos os compradores do mercado que passaram lá para provar essa vasta variedade de novos sabores receberam um cupom com desconto de 1 dólar. Em outro dia, o mesmo teste foi realizado, no entanto, desta vez, com apenas 6 opções de sabores de geleia e um display menor. O resultado interessante desse estudo foi que, embora o display usado na degustação da maior quantidade de sabores tenha atraído mais pessoas do que o segundo teste, no final, as pessoas que viram o primeiro teste tiveram apenas 1 décimo a mais de probabilidade de compra. Ou seja, o incremento das vendas foi irrisório.

----

20 SCHWARTZ, B. More isn't always better. **Harvard Business Review**, jun. 2006. Disponível em: https://hbr.org/2006/06/more-isnt-always-better. Acesso em: 22 abr. 2023.

O que esse e outros estudos trazem à tona é que, embora ter escolhas seja bom, opções demais exigem mais esforço e energia. Além disso, passamos a considerar tantas variáveis que, com receio de nos arrependermos de escolher errado, acabamos por desistir de uma compra ou de algo mais significativo.

Quando existem muitas opções, a escolha fica difícil e lenta, dando trabalho para o cérebro, o que torna a tarefa cansativa e pouco prazerosa, uma combinação que não o agrada em nada.

Se você ainda não entendeu aonde quero chegar, pense nisto:

- O que devo estudar?
- Vou me formar em quê?
- Namorar quem?
- Casar quando?
- Qual o melhor modelo de carro, roupa, relógio, viagem etc.?
- A qual vídeo assistir? Na TV, no computador ou no celular?
- No que empreender?
- Qual melhor ativo para investir?

Boom! Muitas opções de geleia na mesa da vida, não?

Aí, já sabe o que ocorrerá, não é? Baixa eficiência, eficácia e satisfação.

Diversos autores se debruçaram sobre esse tema, mas, em outra ótica, a do foco. Sim, essa é outra maneira de abordar: ter poucas escolhas é igual a focar, priorizar algo em detrimento de outras opções. Quando existe essa clareza em mente, fica muito difícil competir contra você, pois se torna um especialista – um aficionado –, e isso é uma das chaves do sucesso.

Em seu livro *Outliers: descubra por que algumas pessoas têm sucesso e outras não*,[21] o autor best-seller Malcolm Gladwell propôs a "teoria das 10 mil horas". Nela, ele argumenta que nós só atingimos o domínio de algo quando dedicamos ao menos dez mil horas a esse afazer. Agora, como alguém poderia atingir dez mil horas em muitas coisas ao mesmo tempo? E outro ponto: tendemos a nos esforçar mais naquilo que já somos aptos e bons. É claro, quero ser ainda melhor no que já sou bom, pois isso me trará resultados muito mais rápido do que iniciar algo em que sou ruim. Por isso Michael Phelps, o grande nadador americano e recordista de medalhas olímpicas, não precisou aprender a tocar violão com excelência para se tornar um Superstar; ele gastou todo o tempo que poderia para ser o melhor naquilo que importava para ele. Para Phelps, existia somente um sabor de geleia disponível. Só uma escolha: ser o melhor de todos os tempos em natação profissional.

Com 1,93 metro de altura e 2,01 metros de envergadura (distância entre as pontas dos dedos das mãos quando os braços estão abertos), ele parecia ter sido feito para nadar – como um projeto mecânico perfeito para esse fim. A isso nós damos o nome de talento, algo que já nasce conosco, uma característica única,

---

21 GLADWELL, M. **Outliers**: descubra por que algumas pessoas têm sucesso e outras não. Rio de Janeiro: Sextante, 2008.

que veio como um presente de Deus. No entanto, dizer que isso o fez uma lenda viva seria injusto e errado, pois quantos tiveram a mesma sorte na loteria genética e não conseguiram manifestar o seu melhor?

Estou descrevendo o maior atleta olímpico de todos os tempos, com absurdas 28 medalhas olímpicas – sendo 23 de ouro, três de prata e duas de bronze –, dezenas de recordes mundiais em diversas provas da natação. Michael Phelps dominou as piscinas por mais de uma década e, para ele, a fórmula foi simples: "Quando eu decidi o que eu queria e aonde chegaria, dei o melhor de mim, até manifestar o plano em realidade".[22]

Seu técnico disse: "Embora ele tenha uma predisposição genética invejável, o seu segredo está em sua dedicação para melhorar".[23] Segundo ele, Phelps treinou 365 dias por ano, todos os anos de sua carreira, muitas vezes por mais de dez horas diárias, para chegar ao topo.

Aqui fica uma dúvida: será que alguém mais se dedicou dez horas por dia, todos os dias, por anos e anos, para buscar superá-lo? E mesmo que o tenha feito, será que foram muitos?

----

22 Michael Phelps Speaks to Bob Costas Ahead of Rio Olympics. 2016. Vídeo. Publicado por NBC. Disponível em: https://www. nbclosangeles.com/news/national-international/michael-phelps-speaks-to-bob-costas-ahead-of-rio-olympics/2140442/. Acesso em: 23 mai. 2023.

23 A mente de um campeão, com Michael Phelps & Bob Bowman Treinador [Legendado Português]. 2018. Vídeo (7min18s). Publicado por Buyandhold Brasil. Disponível em: https://www.youtube.com/watch?v=2YpmKVeJlPY&t=14s. Acesso em: 23 mai. 2023.

E quanto a você, no que se dedicou dez horas ao dia, 365 dias por ano, por muitos anos?

Ser um Superstar não é sobre o resultado, mas sobre o processo que o elevou até esse patamar. Essa disciplina e, ao mesmo tempo, esse combate contra você mesmo viram uma profecia autorrealizável, pois você faz porque sabe que será o melhor e se transforma no melhor por ter feito o que deveria ser feito. Perceba que, em todas as entrevistas, depoimentos e mesmo em biografia, você nunca encontra um assunto diferente da natação para Phelps – pois ele há muito fez sua escolha e decidiu que seria o melhor nisso, e só nisso. As medalhas e a fama foram somente a recompensa pelo hábito de ser excelente (no dicionário, ser superior ou muito bom no seu gênero, que se sobressai entre os melhores, *prime*, seleto) – a definição da palavra já explica tudo.

Quando o corpo já estava em sua forma perfeita, Phelps se dedicou a dominar a mente: ele mesmo declarou que esse era seu maior diferencial. Ele costumava pular na piscina já sabendo que iria vencer: "Eu já havia vencido aquela prova em minha mente, mesmo antes de pular na piscina". Ele afirmou que sempre vivia as provas meses antes de elas ocorrerem, com todos os cenários possíveis – o otimista, o esperado e o pessimista –, porque isso o deixaria preparado para tudo o que ocorresse na hora da disputa, e um fatídico dia provou o valor dessa técnica.

Na época dos Jogos Olímpicos de Pequim, na China, no ano de 2008, Phelps continuava colecionando medalhas nas piscinas e batendo recordes mundiais; porém, na final dos 200 metros da modalidade borboleta, ele enfrentou uma grande crise: "Quando saltei, entrou água nos óculos e eu não enxergava mais nada. O problema é que, naquele momento, eu não tinha nada para fazer. Não dava para tirar os óculos porque estava com duas toucas, nem podia limpar. Tinha de nadar daquele jeito". Situação que ficou ainda mais desafiadora nos 100 metros finais, quando precisou tentar se orientar pelas sombras na piscina e contar suas braçadas. Ele venceu a prova, ganhou mais uma medalha de ouro, bateu o recorde mundial e, ao fim, falou: "Foi o melhor tempo (da história), mas estava desapontado. Sabia que poderia ir mais rápido do que isso. Mas não posso fazer nada agora".[24]

Histórias como essa são como combustível para quem acredita que ser um Superstar é seu único objetivo, pois mostram que a competição verdadeira não é contra quem está ao seu lado na raia, mas com quem está dentro de sua mente – logo, contra você mesmo. Ao fim, nada é mais gratificante em nossa vida quanto a satisfação de saber que entregamos nosso melhor, não importando o resultado que tenhamos auferido – até porque, quando isso vira um hábito, o resultado sempre será bem previsível: vitória.

O foco absoluto de Phelps serve aqui como uma inspiração: a excelência é resultado de foco. Portanto, diminua as distrações do seu objetivo.

Poucas escolhas e foco estão intimamente ligados. Em *Foco*,[25] best-seller de Daniel Goleman, o autor des-

----

24 DORO, B. Phelps conquista título de melhor da história sem ver nada embaixo da água. **UOL**, 13 ago. 2008. Disponível em: https://olimpiadas.uol.com.br/ultimas/2008/08/13/ult5584u4252.jhtm. Acesso em: 22 abr. 2023.

25 GOLEMAN, D. *Foco*. Rio de Janeiro: Objetiva, 2014.

creve a importância do foco no sucesso. Na obra, ele salienta que vivemos em um período complicado para se exigir que foquemos algo, pois nunca houve tantas opções como hoje. Nossa atenção é requerida a todo tempo e a tecnologia fez com que nós estivéssemos sempre conectados; logo, expostos a novos estímulos e ofertas, com uma dificuldade imensa de saber o que é mais importante. Assim, o conhecimento para direcionar nossa atenção ao que mais importa em busca de nossos objetivos a cada dia é mais vital e caro. Um novo superpoder é necessário, portanto: a habilidade de focar nossa atenção para onde desejarmos. Claro que para isso devemos saber o porquê, pois assim haverá um propósito, um motivo, a fim de evitarmos todos os cantos da sereia que o mundo emana. O foco interno é esse poder, pois ele nos move e nos traz de volta quando nossa mente se distrai com o ambiente externo. Dessa maneira, nosso propósito é sempre mais forte que a tentação.

Em seu livro, Goleman narra a história de seu vizinho, um diretor e roteirista de cinema que, imerso em seu propósito, estava em pé de guerra com os estúdios que teimavam em cortar cenas e efeitos de seus filmes. Disposto a não ceder e não tendo escolha, ele partiu para produzir seu filme por conta própria, mas sem a grana necessária. Assim, teve de enfrentar a via-crúcis de captar dinheiro com bancos para a execução do filme. Seu projeto foi negado por dezenas de instituições, mas, mesmo depois de diversos reveses, concluiu a obra, que teve um sucesso retumbante, tornando-se um dos mais bem-sucedidos filmes de todos os tempos em Hollywood: *Star Wars*. O vizinho de Goleman era George Lucas, fica claro como escolhas temperadas fazem milagres e obras-primas.

Goleman salienta que algumas táticas podem ajudar no foco. A principal delas é a meditação, conforme o autor exemplifica em *Foco*, por meio de histórias de diversos gênios. Na meditação, segundo ele, o mais importante é a respiração. Isso porque, quando a mente tenta passear para longe do foco, é possível que retorne com o auxílio da respiração. Há aplicativos que auxiliam nesse processo (eu utilizo o Headspace, mas existem outros, como o Calm).

Para Goleman, temos que tentar evitar a todo custo o que ele chama de ruminação infrutífera, aquela sensação de ter um problema e ele nunca sair da cabeça, porém sem que façamos nada para resolvê-lo. Creio que você sabe do que estou falando e posso apostar que acabou de se lembrar dele novamente. Isso nos rouba uma energia muito cara e importante que deveria estar direcionada para outro lugar muito mais produtivo. Goleman ainda nos mostra o caminho da reflexão produtiva, que nada mais é do que planejar uma solução e executá-la, mesmo que seja em forma de teste inicial; assim, melhoramos a solução até eliminarmos o problema. Essa reflexão nos faz tomar uma atitude – que, afinal, é o que muda todo o resultado.

Meu maior herói – e creio que de todos os brasileiros – ficou famoso por ser um gênio das pistas de Fórmula 1, quase invencível, o melhor de todos os tempos. Ayrton Senna era aposta certeira em manhãs chuvosas de domingo, não importando onde fosse realizada a corrida, mas essa história não começou bem assim. Quando estava iniciando sua carreira ainda no Kart, Senna tinha imensa dificuldade em pistas molhadas e sempre amargava resultados ruins. Com base nisso e determinado a ser um campeão, ele só tinha duas escolhas: melhorar na chuva ou torcer por pista seca. Assumindo a responsabilidade de não ter de torcer, ele estudou os princípios de andar bem na chuva e praticou à exaustão. Em sua biografia, sua irmã Viviane diz que bastava as nuvens fecharem para Senna correr para a pista. Enquanto os outros pilotos e mecânicos tiravam os equipamentos da chuva e terminavam os treinos, Ayrton fazia o caminho inverso e procurava melhorar a cada volta. Foram muitas e muitas voltas. Algumas vezes, ele passava do ponto, chegando a fraturar costelas pela trepidação constante da pista, mas isso o forjou a ser não só o melhor piloto de pista molhada de todos os tempos, como o maior piloto de automobilismo que o mundo já viu. Esse ensinamento fez com que Senna levasse a história de poucas escolhas tão a sério que seria marca de toda sua vida.

4. TÁTICAS E ESTRATÉGIA

Savielly Tartakower, jornalista e mestre do xadrez que viveu entre 1887 e 1956, disse: "Tática é saber o que fazer quando há o que fazer; estratégia é saber o que fazer quando não há nada para fazer."[26] Estratégia é o grande objetivo, aquilo que não muda com o tempo; as táticas são as ferramentas para alcançá-lo.

Em uma guerra, a estratégia consiste em vencê-la, o mais rápido e com menos danos possíveis. As táticas,

----

26 MANLAPAO, E. Remembering the unforgettable Savielly Tartakower (21 February, 1887-4 February, 1956). **Chessbase**, 24 fev. 2022. Disponível em: https://en.chessbase.com/post/remembering-the-unforgettable-savielly-tartakower-21-february-1887-4-february-1956. Acesso em: 22 abr. 2023.

por sua vez, são as batalhas e todas as tropas e os armamentos utilizados para o fim desejado.

Agora, do que adiantaria vencer a maioria das batalhas e ainda assim perder a guerra? Seria um perdedor, não? Ao contrário, se perdesse a maioria das batalhas, mas vencesse a guerra ao final, seria um vitorioso.

Sun Tzu, antigo estrategista e filósofo chinês, é famoso por *A arte da guerra*,[27] considerada uma das mais importantes obras sobre estratégia e táticas militares. Embora tenha sido escrita há mais de dois mil anos, suas lições ainda são relevantes para muitas áreas da vida, incluindo negócios, política e esportes.

Segundo ele, tática e estratégia são conceitos diferentes e complementares.

Estratégia é a arte de planejar e direcionar as operações de um conflito de maneira ampla, tendo em vista a obtenção de vantagens a longo prazo. Envolve escolhas de objetivos, ações e recursos para alcançá-los, e leva em conta as condições do ambiente, dos aliados e dos adversários. Estratégia é a base para a vitória, e sua falha pode provocar derrota.

Tática, por sua vez, é a arte de conduzir as operações em campo, durante o combate, de maneira mais limitada e imediata. Envolve a escolha de posições, movimentos e ações específicas para alcançar os objetivos estabelecidos pela estratégia. Tática está relacionada ao uso eficiente dos recursos disponíveis e à adaptação às mudanças no ambiente e no andamento do conflito.

----

27 TZU S. **A arte da guerra:** os 13 capítulos originais. São Paulo: Novo Século, 2015.

Estratégia, portanto, está ligada ao planejamento e à direção das operações em um nível mais abrangente, enquanto a tática se concentra nas ações específicas durante o combate. Ambas são importantes para alcançar a vitória em um conflito, e devem ser planejadas e executadas de maneira coordenada e complementar.

Para Sun Tzu, obter uma boa estratégia envolve diversos fatores, como o conhecimento do ambiente, a análise das condições e recursos disponíveis, a compreensão das habilidades e limitações próprias e dos adversários, além de uma série de outras considerações.

A seguir, apresento algumas dicas com base nos ensinamentos dele para obter uma boa estratégia.

- **Conheça seu objetivo.** Antes de criar uma estratégia, é necessário ter um objetivo claro e definido, e saber exatamente o que se espera alcançar com ela.

- **Conheça o ambiente.** É importante conhecer o ambiente em que a estratégia será aplicada, incluindo suas características geográficas, políticas, econômicas, sociais e culturais.

- **Analise as condições.** É importante avaliar as condições e os recursos disponíveis, incluindo as habilidades e limitações próprias e dos adversários.

- **Adapte-se.** Sun Tzu enfatiza a importância de ser flexível e adaptar-se às mudanças, tanto nas condições do ambiente quanto nas ações dos adversários.

- **Planeje e execute com cuidado**. Uma boa estratégia deve ser bem planejada e executada com cuidado, levando em conta todos os fatores envolvidos.

- **Utilize a força de modo inteligente.** Sun Tzu salienta que a força deve ser utilizada de modo inteligente, evitando desperdiçar recursos e minimizando as perdas.

- **Conheça a si mesmo e ao inimigo.** O autor destaca a importância de conhecer a si mesmo e ao inimigo, pois isso permite identificar os pontos fortes e fracos de ambos os lados e ajustar a estratégia de acordo.

- **Seja paciente.** Sun Tzu enfatiza a importância da paciência, pois algumas vitórias podem levar tempo para ser alcançadas e a pressa pode causar erros.

Para escolher boas táticas, segundo Sun Tzu, aqui estão algumas dicas:

- **Conheça o inimigo e a si mesmo.** Antes de escolher qualquer tática, é crucial conhecer tanto o inimigo quanto a si mesmo. Isso inclui avaliar suas forças e fraquezas, bem como as do adversário. Entender as habilidades e limitações de cada lado é fundamental para escolher as táticas certas.

- **Considere o terreno.** Sun Tzu acreditava que o terreno era um fator importante na escolha das táticas. Ao avaliar o terreno, você pode determinar onde posicionar suas tropas, quais rotas usar para atacar ou se retirar, e que obstáculos podem dificultar ou favorecer suas ações.

- **Seja flexível.** As táticas devem ser adaptáveis. Uma tática que funcionou em uma situação pode não dar certo em outra. Esteja disposto a ajustar suas táticas conforme necessário para atender às circunstâncias em evolução.

- **Conheça as suas limitações.** É importante conhecer suas limitações. Isso inclui entender as limitações de seus recursos e habilidades, bem como suas limitações físicas e emocionais. Se você estiver ciente de suas limitações, poderá evitar táticas que estejam além de suas capacidades.

- **Priorize a vitória sem combate.** A importância de ganhar sem combate sempre que possível. Isso significa usar táticas que possam enfraquecer o inimigo sem atacá-lo diretamente. A vitória sem combate é preferível, pois é menos arriscada e consome menos recursos.

Há uma tendência natural de pensarmos mais em táticas do que em estratégias. Por isso mesmo, grande parte das pessoas não logra êxito na vida: ganham muitas batalhas, mas sempre perdem a guerra.

Imagine alguém que vive de fazer regimes e dietas malucas para emagrecer: a dieta do sol, da chuva, da pera e daí por diante. Essa pessoa está focando apenas a tática; se não funcionar, procurará fazer lipoaspiração, cirurgia bariátrica, e assim seguirá, com mais e mais táticas.

Que tal uma mudança de hábito alimentar e físico? É gratuita e funciona 100% das vezes. No entanto, quem não sonha com a bala de prata e os atalhos milagrosos? "Emagreça 20 quilos em quinze dias"; "A dieta que fez a estrela de Hollywood perder 10 quilos"; "A pílula mágica para secar a barriga"; "O aparelho que faz ficar sarado no sofá".

É óbvio que, se você deixar sua mente escolher, ela correrá sedenta por uma enganação dessas, uma promessa de facilidade e esperança. Mas pense bem: fazem algum sentido essas promessas de táticas milagrosas?

Quando você souber o seu porquê, ficará mais fácil preparar a sua estratégia para atingir os seus objetivos. Com base nisso, partirá para as melhores táticas a fim de lograr o êxito. Perceba que estas poderão – e deverão – ser traçadas em todos os momentos que necessite; já a estratégia deve ser detalhadamente preparada, ajustada com cuidado. Costumo dizer que o melhor momento para adequar sua estratégia é antes da batalha. Já as táticas serão ajustadas a todo instante.

Uma frase muito marcante sobre isso é do ex-presidente dos Estados Unidos Abraham Lincoln: "Se tivesse seis horas para cortar uma árvore, gastaria as primeiras quatro horas só afiando o machado". Aqui, fica claro o poder do planejamento prévio e da estratégia, deixando em segundo plano a execução; logo, a tática como uma ferramenta para alcançar o êxito.

O grande problema com as táticas é que são confundidas com atalhos, caminhos fáceis e rápidos, e não com ferramentas que auxiliarão em sua estratégia e farão com que fique fácil difundir e até mesmo vender essas ideias. Até porque quem não gostaria de uma maneira rápida, fácil e segura de ganhar dinheiro sem esforço algum? Viu que a própria premissa já é sedutora? Você já deve estar pensando: *Como consigo isso?* Ao invés de focarmos o processo que funciona e leva à vitória, ficamos pulando de atalho em atalho para lugar nenhum.

5. ANTIFRAGILIDADE

O escritor best-seller, filósofo e trader Nassim Nicholas Taleb, no livro *Antifrágil: coisas que se beneficiam com o caos*,[28] defende a ideia de que existem sistemas que são mais do que apenas resistentes ou robustos às perturbações e ao caos. Eles são "antifrágeis". Esses sistemas se beneficiam do estresse, da incerteza e do caos, tornando-se mais fortes e adaptáveis a cada nova perturbação, como se tivessem o poder de absorver a pressão e transformá-la em mais força. Funciona como em uma fratura óssea, na qual a calcificação, que veio do reparo da fratura, torna-se a parte mais forte do osso. O dano fortaleceu o todo. Isso mesmo, é o poder de sair mais forte depois de sofrer algum tipo de agressão – e aqui estamos falando, especialmente, do ponto de vista emocional.

Taleb argumenta que muitas vezes, na sociedade e na economia, as pessoas e organizações buscam a estabilidade e o controle absoluto, o que pode levar a um aumento da fragilidade, pois esses sistemas não estão preparados para lidar com situações imprevisíveis. Em vez disso, o autor sugere que devemos criar sistemas mais antifrágeis, que possam se adaptar e evoluir em resposta ao caos e à incerteza.

Você já ouviu falar muito sobre resiliência, não é? Essa é a palavra da moda. O termo foi emprestado da Física, e descreve a capacidade de um corpo físico de absorver pressão e impacto sem colapsar.

----

28 TALEB, N. N. **Antifrágil**: coisas que se beneficiam com o caos. Rio de Janeiro: Best Business, 2014.

Um exemplo prático é o do galho de uma árvore: quando seco, ele se torna friável, que é exatamente o inverso de resiliente. Se aplicada pressão, quebra com facilidade e rapidez. No entanto, ao testar a mesma pressão em um galho verde, notará que ele é mais resiliente, pois aguenta essa pressão, deforma-se e depois volta ao estado original; assim, quando a pressão deixa de ser exercida, ele aguenta intacto e volta à situação original. Bem, leve essa característica para a vida e seu dia a dia. Quão bom você é em não quebrar sob qualquer desafio?

Agora, isso pode ficar ainda mais interessante. Como seria um antifrágil?

Ele, além de não quebrar sob pressão, como o resiliente, ainda absorve essa pressão e a transforma em mais força e poder. É isso mesmo, como se fosse um superpoder, com o qual quanto maior a pressão sofrida mais força absorve e mais poderoso se torna para realizar o "contragolpe".

Para ilustrar o que é ser antifrágil, quero reapresentar ao leitor um gênio de nossa época.

Steve Jobs certamente é o grande Superstar desta geração. Sua história[29] tem todos os pontos que tanto atraem em contos de fadas: a verdadeira jornada do herói. Ainda criança, foi dado para a adoção por sua mãe. Em sua família adotiva teve todo o cuidado necessário, mas, durante a faculdade, resolveu que aquilo não era para ele e que desperdiçar o dinheiro da família em uma formação em que não estava vendo sentido seria loucura. Assim, abandonou o curso e ficou testando várias

---

29 ISAACSON, W. **Steve Jobs:** a biography. Simon & Schuster, 2011.

atividades, ainda próximo ao campus da universidade, como fazer aulas de design. Vários desses interesses se provaram ótimos investimentos no futuro. Junto a um amigo, Steve Wozniak, ele iniciou um negócio no ramo de computadores pessoais (o qual fundou em uma garagem na casa de seu pai e com o qual dominou o mundo), em um momento no qual poucas pessoas utilizavam essas máquinas – isso para ser otimista; na realidade, ninguém as usava. Ainda assim, eles construí-ram um grande negócio e uma grande marca, a Apple Inc. O ano era 1976.

Quando tudo parecia resolvido e o jogo estava ga-nho, o presidente em exercício, especialista em mar-keting e vendas, vindo da Pepsico e contratado pelo próprio Jobs, confabulou contra ele no conselho de administração da empresa e retirou-o de sua posição na Apple. Sim, ele foi demitido do próprio negócio em meados dos anos 1980. Para muitos, esse seria o fim: ele estava em baixa, mas rico e famoso. Para Jobs não, essa seria a chance de um recomeço em busca da re-denção e do auge.

Com dinheiro em caixa e muito preparo mental, ele se aventurou no empreendedorismo com tudo – pri-meiro, adquiriu um estúdio de animação, que veio a se tornar o maior do ramo no mundo, em 1986, ganhando prêmios Oscar e fincando a bandeira no mercado; essa empresa é a Pixar, dona de sucessos como *Toy Story*, *Procurando Nemo*, *Monstros S.A.*, entre outros. Vinte anos depois, a Disney adquiriu o estúdio por mais de 7 milhões de dólares.

Em paralelo à rotina do estúdio, enquanto Jobs es-tava fora da Apple, ele fundou a Next, que prometia ser inovadora e corajosa, arriscando tudo em um conceito novo e que, para muitos, era simplesmente impossível de ser alcançado. Ele sofreu diversas perdas, crises de credibilidade e de identidade, além de expor tudo o que sempre teve de pior; entrou em atrito com equipes, familiares, sócios, imprensa etc. E Jobs não era o único que estava sofrendo. As coisas na Apple também não iam nada bem sem ele e, em 1997, Jobs foi convidado a retornar.

Essa segunda volta de Jobs foi um verdadeiro retorno triunfal, e nos anos que seguiram ele se consagrou como referência em negócios.

Como magia, Jobs se transformou em Midas, tudo o que tocava virava ouro: iPod, iPhone e iPad trilharam o caminho e a história do homem mais inovador e antifrágil do século, o mesmo que era temido e criticado por colaboradores, sócios e familiares por problemas de relacionamento. Jobs encantava o mundo em cada uma de suas apresentações de novos produtos e deixou de ser um empresário para se tornar um Superstar, o maior de todos de sua geração.

Pessoas passaram a fazer filas por dias para serem as primeiras a comprar as novidades de Jobs e da Apple. Ele se tornou tão influente, que mudou a maneira como nós nos comunicamos, nos relacionamos e trabalhamos uns com os outros. Jobs se transformou em um verdadeiro revolucionário, desenhando o mapa do futuro. Eu o escolhi como exemplo de antifrágil porque foi um empreendedor que, ao longo do tempo, teve de enfrentar inúmeras dores e, a cada desafio, progredia e se fortalecia.

Jobs jamais considerou o que os outros queriam; se fizesse isso, teria produzido um telefone celular melhor. Ao contrário, criou o novo, algo que as pessoas nem sequer sabiam que poderia existir, um telefone, com computador, telechamada, tocador de música, entre outras funcionalidades, tudo junto em um único aparelho.

O antifrágil entende a necessidade de conflitos e adversidades, assim como aprecia os erros, a aleatoriedade e as incertezas.

Ainda em *Antifrágil: coisas que se beneficiam com o caos,* Taleb defende três modos de agir:

Frágil	Robusto	Antifrágil
Instável (taça de cristal)	Resiste ao choque, mas não se beneficia. Copo plástico.	Fica mais forte com o choque, mas não se beneficia. Hidra da mitologia, que, ao lutar com Hercules, tinha duas cabeças acrescentadas a cada uma cortada, ficando cada vez mais forte.

O antifrágil motiva-se mais quando se depara com um erro e uma falha, e isso aumenta suas capacidades. O ponto base para se tornar um antifrágil é diminuir as desvantagens antes de procurar os benefícios. Em um investimento, por exemplo, você deve se certificar de se manter vivo, para depois buscar um melhor rendimento. Perceba que isso é contraintuitivo e que a maioria de nós reage de maneira oposta, indo atrás de algo que nos dê benefícios. Em sua obra, Taleb também defende que devemos proteger-nos contra os danos extremos, deixando as vantagens cuidarem de si mesmas. É mais importante aprender por meio de tentativa e erro, sabendo que este último não custará muito, do que tentar ter certeza de algo, sabendo que quando errar irá à ruína.

Ao se tornar um antifrágil, você assumirá as rédeas de seus atos e sairá cada vez melhor dos reveses, como a Hidra, monstro mitológico que, ao ter uma cabeça retirada, vê mais duas nascerem no lugar, deixando-a mais forte. Acredito que tenha entendido que isso é um grande superpoder e que o dominar mudará seu jogo para sempre. Não se esqueça de dar atenção somente para quem põe a pele em risco, porque vivemos em um momento em que todo mundo é influenciador, mas poucos fazem o que falam. Na Roma Antiga, quando os engenheiros terminavam uma obra – uma ponte ou um castelo, por exemplo –, tinham de morar nessa edificação por algum tempo, pois, se tivessem cometido algum erro, arcariam com as consequências. Esse é o motivo de até hoje serem considerados grandes construtores, ao ponto de diversas edificações estarem em pé dois mil anos depois. Hoje, ninguém se responsabiliza por nada, e também não põe a pele em risco. Mas pense bem: se fosse para escolher, preferiria estar ligado a quem fala ou quem realmente faz?

6. MODELAR

O conceito de modelar consiste em encontrar algo ou alguém que você admira cuja história pode lhe servir como uma referência. Quando temos modelos, isso nos faz chegar alcançar o sucesso mais rápido, porque podemos aprender com os erros dos outros em vez de cometê-los.

Já imaginou se você copiasse o melhor ponto de cada um de seus ídolos? Seria como escolher os maiores poderes de seus super-heróis e possuí-los todos. Assim como todos os sucessos de sua banda favorita e as melhores ideias dos livros que mais ama. É incrível como desperdiçamos tempo para começar algo do zero, enquanto poderíamos somente melhorar e atualizar aquilo que já se comprovou um sucesso.

A realidade é que o inovador e o disruptivo não logrou sucesso assim. Isso mesmo! Parece doido, mas não foi Henry Ford quem criou o carro, nem a Boeing o avião; nem mesmo Thomas Edison inventou a energia elétrica, ou Mark Zuckerberg, a mídia social. Todos esses grandes nomes aproveitaram os avanços de outros que vieram antes deles e melhoraram, resolvendo dores de outras pessoas.

Agora, quero que você eleja cinco pessoas que admira, as quais alcançaram o sucesso com base em princípios compatíveis com os seus:

1. _____

2. _____

3. _____

4. _____

5. _____

Minha proposta é a seguinte: depois da leitura deste livro, pesquise profundamente sobre esses indivíduos em livros, vídeos e artigos que tenha sobre eles e que você pode consumir. Caso seja alguém que seja próximo a você, agende uma conversa e lhe pergunte: *o que você acredita que foram as decisões mais importantes para chegar aonde chegou?*

Em *Quem pensa enriquece*,[30] Napoleon Hill explica o conceito de *masterminds*, um grupo de pessoas que dividem propósitos parecidos e buscam evolução em conjunto. Para o autor, tendo em vista que um modela o outro e, como em um bom grupo, cada um tem uma habilidade fantástica diferente, a tendência natural é de que todos os *players* se saiam muito melhores depois de trocarem experiências. E isso ocorre em todos os lugares, o tempo todo. Em clubes, restaurantes, confrarias, sociedades, entre outros, tendemos a nos reunir com aqueles que dividem nossas crenças e buscam chegar a lugares parecidos; assim, podemos retirar o melhor de cada *player* e eles, por sua vez, fazem o mesmo conosco.

O poder da modelagem é uma das chaves do desenvolvimento humano. Os grandes mestres do Renascimento modelaram uns aos outros, e muitos deles tinham seus mestres para influenciá-los e inspirá-los. O segredo não está simplesmente em criar o inédito, mas, muitas vezes, em realizar melhor algo que alguém já fez bem antes. Você deve estar se perguntando: "Mas, por exemplo, rico só anda com rico. E eu?". Esse é outro ponto defendido por Hill, e que utilizei

---

30 HILL, N. **Quem pensa enriquece.** Curitiba: Fundamento, 2009.

muito em minha vida (e o faço até hoje): seus *masterminds* não precisam ser presenciais, nem mesmo reais. Você pode encontrar pessoas que admira e que busca ter como modelo em livros de história, biografias, documentários – elas nem precisam conhecê-lo; na realidade, nem precisam estar vivas.

Suponhamos que o sonho de alguém seja ter o corpo igual ao de seu ídolo. Para tanto, é importante saber mais sobre a rotina e os hábitos dessa estrela, tendo em mente que o caminho a percorrer não será tão fácil quanto parece. São necessárias consistência, doação e disciplina, portanto, para que você se transforme em uma versão muito melhor de si mesmo.

7. ATITUDE

O superpoder de agir é fonte de liberdade e conquistas, tema abordado por um grande best-seller que vale ser ressaltado. *A coragem de não agradar*,[31] livro escrito por Ichiro Kishimi e Fumitake Koga, segue a história de um jovem desmotivado e infeliz em busca de respostas sobre como ser feliz e alcançar o sucesso na vida. A obra apresenta uma série de diálogos entre o jovem e um filósofo, que o guia pelos princípios da psicologia.

Os autores exploram a importância da atitude em relação à felicidade e ao sucesso na vida, destacando a necessidade de assumir a responsabilidade por nossas escolhas e ações. Eles ensinam que muitas vezes

----

31 KISHIMI, I.; KOGA, F. **A coragem de não agradar**: como a filosofia pode ajudar você a se libertar da opinião dos outros, superar suas limitações e se tornar a pessoa que deseja. Rio de Janeiro: Sextante, 2018.

buscamos agradar os outros em detrimento de nossas necessidades e desejos, o que nos impede de sermos verdadeiramente felizes e bem-sucedidos.

Ao longo das páginas, o filósofo e o jovem discutem diversos temas, como autoestima, relacionamentos, medo, propósito de vida e mudança pessoal. São oferecidos conselhos práticos a respeito de como mudar nossas atitudes e perspectivas para alcançar a felicidade e o sucesso por meio da autenticidade, da autoconfiança e do desenvolvimento pessoal. O leitor, portanto, é incentivado a assumir a responsabilidade pela própria vida e a adotar uma atitude positiva em relação a si mesmo e aos outros.

Uma das passagens mais memoráveis de *A coragem de não agradar* é quando o jovem questiona o filósofo sobre a sua autoestima e o que fazer para melhorá-la. Ele obtém como resposta o seguinte: a autoestima é baseada na aceitação incondicional de si mesmo, independentemente de erros ou fracassos. O filósofo, então, narra a história de um menino violinista muito talentoso, mas que se sentia constantemente pressionado pelos outros a ser o melhor. Esse garoto, quando não conseguiu vencer um concurso importante, desanimou e desistiu de tocar, pois procurava aprovação externa e sua autoestima se relacionava ao seu desempenho. O filósofo, por fim, ensina ao jovem que a verdadeira autoestima vem da aceitação de si mesmo, independentemente dos resultados externos.

Essa história destaca a importância da autoaceitação e da não dependência de aprovação externa para a construção de uma autoestima saudável.

Para mim, atitude é tudo o que importa, pois não adiantam todas as reflexões anteriores se você não as

OS 7 FUNDAMENTOS   **129**

transformar em ação. Vamos fazer assim: volte à lista de pessoas que optou por modelar e pense em todas as características que o fizeram escolhê-las. Indique a seguir quais são elas:

1.	6.
2.	7.
3.	8.
4.	9.
5.	10.

Creio que você deve ter preenchido as características como algo assim:

1. Inteligente	6. Habilidoso
2. Sábio	7. Corajoso
3. Otimista	8. Capacitado
4. Feliz	9. Criativo
5. Resiliente	10. Líder

Analise bem: tudo o que descrevemos são habilidades, características ou atitudes?

No meu entendimento, que embasa o método 7 + 1, todas essas palavras representam nada mais do que **atitudes** e ponto-final. Trata-se de algo além de mera questão gramatical, nesse nosso caso. Acredito que você simplesmente escolhe agir, por exemplo, como um líder. Você escolhe encarar com otimismo a vida. Você decide ser uma pessoa corajosa, resiliente. Inclusive, ser sábio (refletir sobre o que acontece com você e ao seu redor), inteligente (estudar e aprender mais), habilidoso (dedicar-se) ou criativo (conectar diferentes conhecimentos) está ao alcance de todos nós. Portanto, são atitudes.

Vou compartilhar com você um *hack* que me ajudou demais em meus resultados na vida real.

Você já percebeu que muitas vezes sabemos o que devemos fazer com exatidão e até mesmo como e quando, mas, ainda assim, por algum motivo, não agimos? Chamamos isso de procrastinação – deixar para depois o que deveríamos fazer agora.

Sei que é algo que ocorre o tempo todo, não é? Como corrigir isso?

Aprendi a utilizar o um, dois, três, faça!

Funciona assim: quando tenho que levantar da cama, depois de o despertador do celular tocar, não penso em ligar a soneca e aproveitar mais um pouquinho. Criei um atalho em minha mente, que é: ao ouvir o alarme, conte *um, dois, três, levanta!* Não é que assim acontece? Se tenho que ler, mas estou assistindo a filmes e séries nos canais de *streaming*, digo *um, dois, três, levante e leia!* Hora de ir para a academia, mas está frio e chovendo? *Um, dois, três, o tênis está esperando na porta de casa! Voilà!*

É como um *coach* interno, 24 horas por dia, sete dias na semana, e totalmente gratuito. Você vai me agradecer para sempre quando utilizar isso em sua vida.

Algumas pessoas vão além e utilizam ancoragem física, como pulseiras e apps, para auxiliá-las a tomar consciência de que devem agir em determinados momentos. Assim, seja por causa de um alarme, seja em razão de uma frase na pulseira, ao ver esse estímulo você terá um lembrete do compromisso que estabeleceu. Quando aplicar isso em sua vida – e deveria ser agora mesmo –, perceberá a mudança de resultado acontecer instantaneamente.

Tudo isso está muito ligado à consciência plena e ao estado de flow que vêm sendo muito estudados por psicólogos. Estado de flow é estar presente no aqui e agora. Flow é ter foco máximo. Como disse o autor do conceito, Mihaly Csikszentmihalyi, é "um momento de concentração tão intensa que não sobra atenção para pensar sobre algo irrelevante ou se preocupar com problemas. A autoconsciência some e a percepção de tempo fica distorcida".[32]

Algumas técnicas vêm ajudando muitas pessoas nesse quesito, como o *mindfulness*. Interessante perceber que todos os *players* de alto rendimento, como atletas profissionais e executivos, estão buscando esse conhecimento a todo tempo. É uma maneira de

---

32 SARAIVA, M. L. 5 dicas para atingir o estado de flow, o ápice da produtividade. **Forbes**, 13 ago. 2021. Disponível em: https://forbes.com.br/carreira/2021/08/5-dicas-para-atingir-o-estado-de-flow-o-apice-da-produtividade/. Acesso em: 22 abr. 2023.

acionar o gatilho da consciência. Justamente a que acabei de lhe apresentar: *o um, dois, três, faça!*

Como todos os vencedores, acredito no superpoder do desenvolvimento pela experiência. Dessa maneira, agir com consistência, mesmo que não esteja apto ainda, é muito mais importante do que aguardar a hora certa, porque o destino encontra seus caminhos quando temos propósitos com consistência.

Joanne estava no fundo do poço, mas não parava de andar em círculos. A britânica casou-se, teve a primeira filha, divorciou-se, perdeu a mãe e se viu sem a carreira que desejava. Além disso, enfrentava um processo depressivo – ou seja, todos os ingredientes possíveis de uma vida complicada. Seu projeto, um livro infantil ao qual havia se dedicado de coração, era sua zona de escape, seu universo paralelo. No entanto, ao término do primeiro livro, ela o enviou a doze editoras diferentes, sendo rejeitada por todas elas. Enquanto isso ela escrevia, não se importando com as negativas e os reveses da vida. Depois de um ano assim, uma editora britânica resolveu aceitar o desafio e lançou o primeiro livro, que logo começou a ganhar premiações e se transformou no maior sucesso editorial de todos os tempos. Joanne é conhecida mundialmente como J. K. Rowling, e seu livro, *Harry Potter e a pedra filosofal* – sucesso estrondoso –, não mudou em nada a rotina criativa dela.

Joanne é autora de sete livros da saga, fazendo com que a franquia Harry Potter chegasse a Hollywood e batesse recorde de bilheteria. J.K. não só fez um sucesso incrível, como formou uma legião de novos autores, tornando-se uma das escritoras mais lidas da história – e também uma das mulheres mais ricas do mundo. Ela criou um mundo paralelo e hoje sua saga tem parques temáticos que emulam o ambiente que criou. Rowling admite que as dificuldades que passou foram combustível e inspiração para o que viria a ser sua grande obra. A atitude de não focar o resultado a curto prazo e desprezar o sofrimento do momento em troca de agir e fazer o que deve ser feito da melhor maneira possível a transportou de uma vida média a uma trajetória épica.

6
O PASSO DECISIVO É O HÁBITO

Você poderia me perguntar por que decidi chamar o método que criei de 7 + 1, e não, por exemplo, de *oito passos*. É porque os sete primeiros partem de escolhas, atitudes. Os sete fundamentos que você viu no capítulo anterior vêm da sua consciência trabalhando. Dão resultados imediatos, com certeza – assim como dão muito trabalho. Todavia, ao atingir o resultado esperado, você deverá se certificar de fazer o certo por um longo período. Ou seja, manter esse comportamento positivo de maneira consistente. Assim, será capaz de ligar o piloto automático do sucesso. O hábito é o seu supertrunfo.

Estudos mostram que depois de 66 dias, em média, repetindo uma rotina, você já pode criar um hábito,[33] que nada mais é do que agir sem ter pensado ou

---

[33] De acordo com o livro **Making habits, breaking habits**: why we do things, why we don´t, and how to make any change stick, do psicólogo britânico Jeremy Dean. Informação obtida em: FREITAS, A. Quanto tempo leva até algo se transformar em um hábito? **Galileu**, 15 set. 2014. Disponível em: https://revistagalileu.globo.com/Sociedade/Comportamento/noticia/2014/09/quanto-tempo-leva-ate-algo-se-transformar-em-um-habito.html. Acesso em: 22 abr. 2023.

refletido antes. Isso mesmo, sua mente pensou e agiu por você, automaticamente.

Se acha que isso é maluquice, saiba que nós, seres humanos, somos seres de hábitos e que a imensa maioria de nossas decisões e ações é tomada por eles, sem que dediquemos muito tempo para analisá-las. Esse é um dispositivo da evolução da espécie, que nos faz tomar decisões mais rápidas e eficazes, poupando energia e tempo. Agora, sempre há o lado bom e o ruim das coisas, não?

Você poderia me descrever com exatidão como escova seus dentes? Isso mesmo, onde fica sua escova? Você a lava, antes de começar? Quanto de pasta coloca nas cerdas? Molha a pasta ou não? Começa a escovar de cima para baixo ou de baixo para cima? Inicia pelo lado de dentro dos dentes ou de fora? Faz isso começando pela direita ou pela esquerda? Quanto tempo leva todo esse processo?

Aposto que não soube responder à maioria dessas perguntas. Então, talvez, isso o faça refletir: como você pode não saber de modo detalhado um ritual que realiza várias vezes ao dia, todos os dias, há muitos anos? Justamente porque, por ser algo que faz todos os dias, seu cérebro o transformou em hábito e lhe poupa detalhes para que você não gaste energia nem espaço mental com algo cujo percurso ele já mapeou.

E se ainda tem dúvida da importância disso, analise: como seria se tivesse que decidir cada uma daquelas questões que lhe perguntei há pouco sobre escovar os dentes todas as vezes que fosse fazer a sua higiene bucal? Isso exigiria um esforço mental enorme. Seu cérebro, então, facilita esse processo, entendendo isso como hábito e decidindo por ele mesmo, fazendo você agir no piloto automático. Veja que o mesmo ocorre quando dirige um carro, cozinha, lava louça e assim por diante.

O ponto positivo desse sistema é que você pode virar uma máquina de sucesso.

Se você tem os dentes saudáveis porque escová-los diariamente é um bom hábito, então também pode criar outros hábitos positivos, que trarão as conquistas que programar. Já o lado negativo é que, se você programar hábitos negativos, isso arruinará os próprios resultados na vida.

Para que você domine essa ferramenta incrível de transformação e resultados, indico que leia também os livros *O poder do h*ábito,[34] de Charles Duhigg, e *Hábitos atômicos*,[35] de James Clear. A ciência por trás do poder dos hábitos está relacionada ao nosso cérebro e ao modo como ele processa as informações, transformando-as em ações automáticas. De acordo com estudos neurocientíficos, os hábitos são formados em uma parte do cérebro chamada "núcleo basal do estriado", que é responsável pela memória procedural e pelas ações automáticas.

----

34 DUHIGG, C. **O poder do hábito**: por que fazemos o que fazemos na vida e nos negócios. Rio de Janeiro: Objetiva, 2012.

35 CLEAR, J. **Hábitos atômicos**: um método fácil e comprovado de criar bons hábitos e se livrar dos maus. Rio de Janeiro: Alta Life, 2019.

Conforme já abordado aqui, quando realizamos uma ação repetidamente, ela se torna um hábito e passa a ser executada sem a necessidade de controle consciente. Isso ocorre porque o cérebro procura maneira de poupar energia e recursos cognitivos, e o hábito é uma maneira eficiente de automatizar ações rotineiras.

Além disso, os hábitos são influenciados por uma série de fatores, como as emoções, o ambiente e as recompensas. O *loop* do hábito, composto de deixa, rotina e recompensa, é a base para a formação e modificação de hábitos. A deixa é o gatilho que desencadeia a ação automática, a rotina é o comportamento habitual e a recompensa é o resultado positivo que reforça a ação.

Ao entender a ciência por trás dos hábitos, podemos modificar padrões negativos e criar novos hábitos saudáveis e produtivos. Isso envolve identificar as deixas que desencadeiam hábitos indesejados e substituir a rotina por uma ação mais positiva e, ao mesmo tempo, manter a recompensa para reforçar o novo comportamento. Esse processo pode levar tempo e esforço, mas é possível mudar hábitos e transformar nossa vida de maneira significativa.

Em *Hábitos atômicos*, James Clear narra a história de Jerry Seinfeld e sua estratégia para manter uma rotina consistente de escrita. Segundo Clear, Seinfeld era conhecido por sua consistência e excelência como comediante, e atribuía grande parte de seu sucesso à sua disciplina e rotina de escrita diária.

A estratégia que Seinfeld usava para manter sua rotina consistente era denominada "Método da Cadeia". Em um calendário grande afixado na parede do escritório, ele marcava um "X" sempre que escrevia uma nova piada ou ideia. Seu objetivo era criar uma "corrente" no calendário, formando uma cadeia de dias consecutivos em que escrevia. Assim, Seinfeld se sentia mais motivado e comprometido a não quebrar a rotina. A corrente crescia e a motivação aumentava, formando um círculo virtuoso de hábitos produtivos.

Essa estratégia é um exemplo prático de como a criação de hábitos pode ser incentivada por meio de recompensas e motivação. A história de Seinfeld se tornou referência na discussão sobre hábitos produtivos e é citada com frequência como um exemplo de como pequenas ações diárias podem levar a grandes resultados ao longo do tempo.

Os dois livros que citei oferecem, claramente, a base da autodescoberta para uma vida muito melhor, deixando evidente o mecanismo envolvido por trás de um hábito. Sim, isso mesmo, há ciência por trás disso. Nessas duas obras, os autores buscaram casos de pessoas e empresas que ora mudaram hábitos cotidianos, ora detectaram em outras pessoas costumes fortes, mas de difícil identificação.

Esses estudos a respeito do tema chegam à conclusão de que os hábitos têm como fórmula esta tríade:

GATILHO — ROTINA — RECOMPENSA

Gatilho é aquilo que aciona o hábito. Por exemplo, imagine que a primeira coisa que uma pessoa faz todos os dias, ao acordar, é colocar a água para ferver para o café. Então, ela segue para seu ritual matinal e, quando o finaliza, a água está pronta para passar o café. O fato de levantar e já colocar a água para ferver é o gatilho que aciona o hábito de tomar café todas as manhãs. Caso essa pessoa queira mudar isso, o ideal seria alterar a sua primeira ação do dia.

Como esse exemplo que citei, há uma rotina que sucede a ação de colocar a água para ferver. Se você quer implementar um novo hábito, precisa cuidar para que a rotina que favoreça esse novo comportamento seja a mais simples possível, a fim de que não tenha desculpa para iniciar a ação desejada.

Por fim, a recompensa. Aqui o que você quer é dar estímulos para que o seu cérebro associe esse novo comportamento como algo bom, tornando mais provável que você o repita. Digamos que queira acordar mais cedo. Então, todas as vezes que consegue fazer isso você, por exemplo, se dá como presente um tempo para realizar algum hobbie.

Reflita: quanto você poderia ganhar se, além de criar bons hábitos, pudesse ao mesmo tempo excluir os ruins?

É importante esclarecer que criar um hábito novo é muito mais simples e fácil do que retirar um antigo – e isso explica por que é tão difícil mudar sua vida e seus resultados e se diferenciar da maioria das pessoas, pois, como em um computador, programar algo do zero é muito mais fácil do que reprogramar aquilo que já tem falhas. Por exemplo, é óbvio que habituar-se a beber mais água diariamente é mais fácil do que parar de fumar cigarro.

Outro ponto a perceber é que, quanto maior o tempo com um hábito implantado, mais complexo e complicado é retirá-lo. Isso mostra a importância de como educamos nossas crianças.

Vamos para o desafio: escolha um hábito bom para acrescentar em seu dia a dia, por no mínimo sessenta dias. Opte por algo pequeno e fácil de executar no princípio, porque será como um músculo – quanto mais treinar, mais forte ficará. Ao mesmo tempo, eleja um hábito ruim e negativo para excluir da sua vida. Sugiro começar pela soneca do seu celular quando acordar. Use a técnica do *um, dois, três, levanta!*

Você já sabe que, se conseguir repetir por sessenta dias, nunca mais precisará se esforçar para isso. E perceberá que logo nem necessitará do alarme para levantar na hora que deseja.

Se, para acrescentar um hábito, levamos aproximadamente dois meses (seguindo a tríade gatilho – rotina – recompensa), o que devemos fazer para conseguir extrair um mau costume? O segredo é substituí-lo.

Não temos como tirar um hábito diretamente; por isso, trocar é a melhor estratégia. Não é por menos que instituições como os Alcoólicos Anônimos (AA) funcionam tão bem. Isso ocorre porque, entre outros fatores, o convívio pessoal constante substitui o hábito de beber – como você deve ter pensado, um vício substituído por outro, mas com um resultado final benéfico para a pessoa. Vale salientar que outra instituição que ajuda muito nisso e da mesma maneira é a religião – pois o hábito de praticá-la substitui o outro vício.

Nossa relação com os hábitos é binária:

- HÁBITO RUIM = RESULTADO RUIM
- HÁBITO BOM = RESULTADO BOM

CONSISTÊNCIA

A palavra consistência é a argamassa para o sucesso e o estrelato. Como você já possui o mapa – método para conquistar o que mais sonhar –, deve saber que consistência é mais importante do que trabalho duro.

Mesmo que você dê o melhor de si por doze horas seguidas na academia em um dia, nada mudará em seu físico e em sua saúde. O máximo que conseguirá será criar asco por essa tarefa, além de não voltar lá nunca mais. No entanto, se frequentar a academia por apenas vinte minutos por dia, todos os dias, com consistência, posso garantir que em menos de um ano conquistará um físico totalmente diferente e invejável.

Um famoso filósofo ouviu de uma fã, ao fim de uma palestra, a seguinte afirmação:

— Nossa, você tem o dom da fala e da inteligência. Eu daria minha vida para ser como você.

Ele, com a mente afiada de costume, respondeu:

— Sim, eu dei a minha.

Não há talento, sorte, genialidade, que expliquem um sucesso e uma vida de Superstar, mas, sim, a consistência de dar o seu melhor, até que possa fazer melhor ainda no futuro. Essa busca se torna um *looping* de capacidades que, graças a Deus, nunca acabará, e fará com que a cada instante você se torne uma versão melhor de si mesmo.

Consistência é fazer algo não simplesmente porque gosta, mas por não ter escolha. É um dever. E se você se perguntou *como fica a liberdade?*, digo:

*Liberdade é o poder da escolha,
não fazer o que quiser.*

O PASSO DECISIVO É O HÁBITO   143

Quando entender isso, será como escovar os dentes, tomar banho e respirar. E a partir daí nada mais será um limite.

Stephen King é um dos autores mais prolíficos da história, tendo escrito mais de sessenta romances ao longo de sua carreira. Embora seu talento natural para contar histórias tenha contribuído para seu sucesso, não podemos subestimar a importância de sua rotina diária de escrita. King é conhecido por escrever todos os dias, incluindo feriados e fins de semana. Em geral, ele começa a escrever por volta das 8 horas e continua até o início da tarde, às vezes escrevendo até mesmo depois do jantar. Ele trabalha em um ritmo constante, mantendo uma meta diária de mil palavras por dia, independentemente de como se sente ou do que aconteça em sua vida. A rotina consistente de escrita de King é a chave para seu sucesso como escritor. Ele entende que a escrita não é uma atividade que pode ser realizada apenas quando se sente inspirado ou motivado. Em vez disso, é um trabalho que deve ser realizado regularmente, como qualquer outro. Ao manter uma meta diária de palavras escritas, King garante que está sempre avançando em sua obra literária e progredindo em sua carreira.

Além de garantir a consistência em sua rotina de escrita, a meta diária de mil palavras por dia oferece outros benefícios para King. Primeiro, ajuda-o a manter o foco em sua escrita, uma vez que ele sabe que deve escrever pelo menos mil palavras por dia para atingir sua meta. Segundo, isso o ajuda a eliminar a procrastinação, já que não tem permissão para adiar a escrita para o dia seguinte. Terceiro, King progride em sua obra literária com um ritmo constante, completando seus romances em um período razoável de tempo. A rotina de escrita de Stephen King é um exemplo inspirador de como a consistência pode levar ao sucesso em qualquer campo.

Se quisermos alcançar grandes coisas em nossa vida, deveremos seguir o exemplo de King e manter uma rotina consistente e uma meta diária que nos ajudem a progredir em nossos objetivos.

***

Agora que você já entendeu o que cada um dos sete fundamentos significa e por que é fundamental transformá-los em prática, quero mostrar como eles são aplicados nos três pilares da vida:

CORPO × MENTE × BOLSO

Se parar por um instante para refletir sobre o que mais deseja na vida e quais pontos gostaria que fossem diferentes, certamente se deparará com algo muito ligado a esses fatores. Agora, vou lhe mostrar como, com os passos aprendidos aqui neste livro, você poderá atingir o que mais deseja.

O PRIMEIRO PILAR: CORPO

Nosso corpo é o nosso abrigo e a nossa ferramenta para alcançarmos tudo que desejamos em nossa vida. Infelizmente, porém, é comum que ele não receba toda a atenção que merece. Hoje, eu sempre digo a quem me acompanha: se nosso corpo é nossa morada e ferramenta, o mínimo que deveríamos buscar é torná-lo a melhor morada e a melhor ferramenta de realização possível.

No entanto, mesmo para quem não consegue tempo para cuidar desse nosso poderoso instrumento para existir, o sonho do corpo perfeito é, sem dúvida alguma, uma das prioridades dos seres humanos. Aqui, não estou pregando sobre alcançar um modelo padronizado, mas sobre sua melhor versão, aquela de cuja imagem você se orgulha ao olhar no espelho, pois está saudável. Um corpo cuidado para que você tenha longevidade de tempo e qualidade de desempenho e que lhe faça se sentir com autoconfiança.

Eu acredito que o primeiro grande projeto para você aplicar o algoritmo do sucesso deve ser o seu corpo e o resgate de uma rotina que lhe traga mais saúde, porque é o único projeto que depende apenas de você. Além de ser o ponto de partida de todo o resto – pois, se estiver bem fisicamente, terá mais motivação e energia no dia a dia –, aprenderá a ficar mais focado e a bater metas, terá endorfina e dopamina o suficiente em seu corpo para estimulá-lo a cada instante, encontrará autoestima, que auxiliará em muitas coisas em seu caminho, além de inúmeros outros benefícios.

Então, qual o seu projeto em relação ao corpo? Qual mudança de hábito que alavanque um fluxo positivo de melhores hábitos alimentares, atividade física e cuidados com a sua saúde integral você precisa fazer hoje?

Escreva o que você está sentindo agora sobre o seu corpo:

_____

_____

_____

_____

_____

AGORA VAMOS VER COMO OS SETE FUNDAMENTOS SE ENQUADRAM AO SEU PROJETO

O porquê. Este é o ponto mais importante de todos. Cave fundo em sua mente para descobrir o seu real porquê para se comprometer com este projeto. Por exemplo: para a maioria das pessoas, essa história de "vou para academia porque quero ser saudável" não é exatamente precisa, ou mesmo verdadeira. Às vezes, a verdadeira motivação é "quero me sentir mais confiante com meu corpo, pois quero estar com bom físico para ir à praia com a galera". Você deve ser específico e verdadeiro em sua decisão. No caso exemplificado aqui, o porquê será: quero a minha melhor versão, mais forte, definida, bonita, admirada, seguida etc.

Você quer que a sua imagem física transpareça aquilo que já é verdade dentro de si: você é um Superstar.

Costumo falar que, em geral, todas as mulheres querem perder uns dois quilinhos, não importando o quão magras estejam, mas normalmente há uma dificuldade imensa de atingirem essa meta. No entanto, se usar o porquê certo, a probabilidade de êxito aumenta muito. Faça o teste: convide uma mulher para ser madrinha de casamento em uma cerimônia que ocorrerá em dois meses. Posso garantir que ela perderá os dois quilos desejados, pois agora não é só uma meta, mas um objetivo, com prazo definido, e isso já basta para obter motivação. Perceba que todas as atitudes que seguirão a essa decisão estarão de acordo com esse objetivo: ela certamente já vai comprar um vestido dois números abaixo, se matricular na academia, procurar informações de valor no YouTube etc.

Princípios. Estes sempre devem ser básicos e norteadores de como agir, até porque o sucesso é matemático, simples e exato – por isso mesmo, é lindo e funciona sempre.

Um princípio básico: se você ingere mais calorias do que seu corpo consome, engordará (e o contrário é verdadeiro também). É matemático: a cada 7.700 kcal teremos 1 quilo de gordura em nosso corpo a mais ou a menos. Para descobrirmos o quanto nosso corpo gasta de energia por dia, podemos fazer testes como o de bioimpedância, que pode ser encontrado na maioria das academias e clínicas médicas. Trata-se de uma balança que nos dará a informação de quanto gastamos ao dia de metabolismo basal, ou energia gasta sem fazer esforço físico. Devemos acrescentar a isso os exercícios que fazemos diariamente, como caminhada, trabalho, academia. Somando esses dois gastos – o metabolismo basal e o gasto ativo –, teremos o gasto total energético diário. Com essa informação em mãos, se ultrapassarmos essa quantia na alimentação vamos engordar com certeza, mas, se ingerimos menos calorias, vamos emagrecer.

Perceba que aqui o ato de emagrecer e engordar está ligado a aumento e diminuição de gordura corpórea, não a peso na balança. O que, aliás, é outro princípio importante, pois na balança só mensuramos peso, e não composição corpórea. Assim, muitas pessoas acreditam que estão emagrecendo em dietas malucas, mas estão se desidratando, perdendo água, bolo fecal e muitas vezes até músculos.

Como princípio, também devemos saber que nosso corpo luta contra o estresse e o risco, porque seu único objetivo é se manter vivo. Então, quando em restrição calórica, seu metabolismo basal vai cair, pois seu corpo poupará energia para o caso de falta dela. Do mesmo modo, ao criar mais massa muscular, seu corpo vai acelerar o metabolismo para manter essa nova massa conquistada.

O PRIMEIRO PILAR: CORPO 149

Isso já esclarece que o ideal, como princípio, é ter uma abordagem multifatorial: reeducação alimentar para queimar gordura e criar massa magra, ao mesmo tempo que faz exercícios para atingir o mesmo objetivo. Ganhar massa magra, músculo, faz com que gaste mais energia, favorecendo a queima de gordura e possibilitando maior ingestão calórica.

Com essa bússola em mãos, você pode planejar com exatidão seus alvos e suas metas e como alcançá-las: se tem como objetivo perder 10 quilos de gordura em um prazo de dez meses, saberá que deve obter um déficit calórico de pelo menos 7.700 kcal ao mês em média, o que levará à perda de 1 quilo ao mês. Assim, em dez meses sua tarefa estará cumprida, não importando se para isso você vai diminuir a ingestão de calorias, aumentar o gasto calórico com exercícios, aumentar o metabolismo com ganho muscular, ou até mesmo fazer tudo isso ao mesmo tempo, pois o caminho escolhido fará pouca diferença se a chegada é garantida.

Então, para seu novo projeto, você precisa eleger os princípios que nortearão suas próximas refeições e rotina em relação à atividade física. Você pode, por exemplo, colocar alguns fatores de decisão como:

Poucas escolhas. Você deve ser extremamente específico com seu objetivo. De preferência, utilize uma imagem de seu objetivo e escreva em um caderno todos os dados: peso, taxa de gordura corpórea, porcentagem de músculos etc.

Tomada a decisão, reflita: o que você precisa fazer no seu dia a dia para diminuir as possibilidades de fazer escolhas prejudiciais ao seu projeto? Sempre haverá uma desculpa para escorregar na alimentação, faltar na atividade física ou quebrar a rotina, o que levará três meses para recuperar.

Então, você precisa criar armadilhas que o protejam de si mesmo. Quando nos comprometemos com algo, teremos de fazer sacrifícios. Mas lembre-se: existe um porquê para você ter tomado a decisão de embarcar nesse projeto, é esta sua motivação.

Táticas e estratégia. Talvez sua estratégia seja "perder 10 quilos de gordura em dez meses". Então, precisará de um plano tático para isso. Por exemplo:

- Se você nunca praticou atividades físicas, pode ser que queira contratar um personal trainer.

- Seu plano alimentar será desenhado por um nutricionista esportivo, garantindo ficar com déficit calórico de no mínimo 7.700 kcal ao mês, além de proporcionar a quantia certa de macronutrientes, que serão importantes para o resultado, como o consumo de proteínas (que deverá ser de aproximadamente 1,5 gramas por quilo corporal, no mínimo, para que auxilie na síntese muscular).

- Você deve procurar o médico do esporte para verificar sua condição atual, além de auxiliar em seu caminho até a meta, pois informação de qualidade ajuda e muito no processo.

- Será preciso definir uma rotina de treino para que possa estabelecer o condicionamento necessário a fim de alcançar sua meta. Por exemplo: fazer uma hora de musculação todos os dias, o que trará um gasto aproximado de 300 a 500 kcal.

O PRIMEIRO PILAR: CORPO **151**

- Subir em uma balança de bioimpedância, que analisará sua composição corporal.

- Comprar um caderno ou instalar um app para acompanhar sua rotina e seus resultados.

- Fazer um desafio público, a fim de lhe dar motivação – para quando quiser se boicotar – e ser sempre um reforço. Quando o que está em jogo são sua palavra e seu caráter perante a sociedade, você tende a se manter mais focado. Assim, assumirá responsabilidade publicamente, colocando seu caráter à prova.

- Medir o resultado de mês em mês e recalcular a rota quando atingir um platô e não estiver fazendo progresso.

- Você poderá usar a estratégia de jejum intermitente para chegar aos seus objetivos, claro que guiado por um profissional, mas verá que ele poderá auxiliá-lo tanto na perda de gordura como na cognição e no desempenho mental.

Veja, todas as táticas caminham para levar você em direção à estratégia. As táticas são várias, mas a estratégia tem como visão um único objetivo.

Antifragilidade. O corpo é o melhor exemplo para antifragilidade possível, até porque o lema das academias é *no pain, no gain*, que seria algo como "sem dor não há resultado". Isso é posto, pois a formação da massa magra vem exatamente de microlesões ocasionadas durante um treinamento. Assim, você machuca seu músculo durante as atividades para que ele reaja e saia mais forte e apto a cargas maiores. A partir de então, é como uma aplicação literal da antifragilidade.

Quando você falhar em sua meta de curto prazo, como exagerar em um churrasco, ou até perdê-lo para não cair em tentação, ambos levarão à dor; você se cobrará mais uma vez e sairá com força triplicada. Assim, quanto mais sofre, mais cresce e aprende. Uma pessoa antifrágil age assim em todas as esferas da vida: usa a dor para sair fortalecida. Lembre-se de que o resiliente simplesmente não desiste; ele se mantém no processo, mas não evolui na dor e no sofrimento.

Aqui você compreende que deve procurar a dor da conquista a cada momento e jamais deixar uma chance para o conforto – assim, assegura resultados consistentes.

O que este fundamento quer lhe dizer é: o caminho até sua meta pode não ser uma linha reta. O importante, porém, é que a cada desvio você retorne ao caminho inicial com mais energia para realizar.

Modelar. Pare de querer inventar a roda; modele alguém ou algo. Se seguir o passo a passo de seu modelo, pode até ser que não fique exatamente igual a essa referência, mas, com certeza, estará em um patamar muito melhor do que o atual. O importante é escolher seu modelo com sabedoria; de preferência, com a certeza de que o resultado dele é real – pois, hoje, muitos resultados são mais obras de ficção do que realidade.

VAMOS FAZER UM EXERCÍCIO?

Feche os olhos por dez segundos e materialize a imagem de si mesmo que esteja alinhada a como você gostaria de estar fisicamente. Pense em como é o seu corpo depois de todas as mudanças que implementar. Como será o dia em que você alcançará a sua meta?

O PRIMEIRO PILAR: CORPO   153

Depois de fazer isso, tente imaginar uma pessoa real, alguém que conheça ou uma referência que você já acompanha e que tem resultados parecidos ou melhores do que você quer alcançar.

Pronto, imprima a foto dessa pessoa e, todos os dias, olhe para si mesmo e para essa imagem a fim de que ela sirva como uma referência para você medir sua evolução.

Quero que analise a história dessa pessoa e tente encontrar como é a sua rotina, como é sua alimentação e como organiza sua prática esportiva. Com essas informações, você tem um modelo a seguir, que poderá adaptar para sua realidade e ter ferramentas para chegar ainda mais rápido ao seu resultado desejado. Hoje, é cada vez mais fácil fazer isso, pois a internet aproximou nossos modelos de nós, e eles contam tudo o que fazem a todo momento. Aproveite, portanto, a consultoria grátis.

Atitude. Aqui chegamos ao passo primordial, pois, para tomar atitude, deve aceitar a responsabilidade de que seu resultado, seja ele qual for, lhe pertence e é reflexo das escolhas que você mesmo fez. Como o reflexo de um espelho, no fim, seu presente é a imagem de suas decisões passadas. A atitude que você toma no presente funciona como uma máquina do tempo que lhe faz a previsão de como será o seu futuro.

Faça o que deve ser feito, todos os dias, aos poucos, como combinado, e evolua passo a passo. Se for consistente e aplicar tudo o que lhe foi ensinado, terá um orgulho imenso quando comparar sua foto de hoje com a de um ano à frente. Garanto. E a parte mais legal é que você não parará por aí, pois vai querer mais, ser melhor. E, afinal, é isso que eu chamo de vida: estar em busca, a todo momento, de sua melhor versão. Quanto vale estar bem consigo mesmo e ter orgulho da pessoa que tem se tornado? Isso é como uma competição, mas só contra você mesmo. Vai dar mole de perder?

Melhorando seu corpo você conquistará a primeira vitória – que lhe dará confiança e preparo para os próximos passos. Costumo dizer o seguinte: se alguém não controla o próprio corpo, como poderá controlar algo mais?

Ao assumir o domínio do corpo, você já iniciará o processo para ter uma mente mais afiada e confiante, treinada para ser sua aliada na implementação do algoritmo 7 + 1.

E lembre-se: você pode acionar 1, 2 e 3, e começar a transformação a partir de agora.

O SEGUNDO PILAR: MENTE

A mente é nossa mestra, é quem decide nossos passos, ações, sonhos, crenças e, claro, o resultado final. Dessa maneira, dominá-la é mandatório para alcançar a excelência e o sucesso. Costumo dizer que nosso corpo é nosso *hardware* e nossa mente é o *software* – logo, o que faz tudo funcionar; deixo-a em segundo plano, pois, para funcionar bem, devemos ter nosso corpo em alto nível. Dependemos, e muito, de nosso *hardware*: para termos clareza, cognição e, em especial, autoestima.

Cuidar do corpo nos ajuda a ter força e recursos para cuidar da mente. Com o corpo saudável, você poderá, agora, explorar todo o potencial do Santo Graal que é a capacidade de controlar a mente. Digo Santo Graal porque acredito que em nossa mente se encontram os nossos limites; é contra ela que travamos a batalha fundamental para uma vida épica. É nesse domínio da mente que conseguimos alcançar a máxima realização e felicidade.

Então, tudo está em nossa mente e dela depende. Por que, então, não a fazer manifestar o espetacular que existe dentro de nós e que está apenas aguardando ser acordado?

No livro *Mindset*,[36] Carol Dweck apresenta uma importante análise sobre os dois modos diferentes de agir e reagir diante das coisas. Ela explica que existem dois modelos mentais – e que entendê-los é a chave para alcançarmos o sucesso. Esses modelos são: *mindset* fixo e *mindset* de crescimento. Embora todos nós manifestemos esses dois jeitos de pensar, um deles será predominante.

Pessoas que têm o *mindset* fixo como predominante acreditam que as coisas são como são e nada pode ser feito para transformá-las. Elas são resistentes a qualquer possibilidade de mudança. Por outro lado, aqueles que têm o *mindset* de crescimento como predominante acreditam justamente no oposto: podem mudar as coisas, estão mais dispostos a aprender e a encarar o mundo em uma perspectiva mais otimista.

Pessoas com *mindset* fixo tendem a acreditar que seus resultados dependem muito de sorte, a paralisar diante de uma dor ou barreira e a acreditar que não podem interferir no destino. Enquanto isso, aqueles com *mindset* de crescimento não confiam apenas no talento e têm disposição para aprimorar suas habilidades porque creem que podem evoluir, que fazem

---

36 DEWECK, C. **Mindset**: a nova psicologia do sucesso. Rio de Janeiro: Objetiva, 2017.

o próprio destino e, diante de uma dor ou barreira, se veem ainda mais impulsionados a realizar.

Em resumo, o *mindset* fixo enxerga o copo meio vazio, enquanto o de crescimento enxerga-o meio cheio. Nem sei como descrever o quanto isso faz diferença para o modo como encaramos a vida e nossos resultados.

O porquê. Mais uma vez, defina o seu grande propósito para fortalecer sua mente e transformá-la em uma máquina de busca pelo crescimento. Talvez, para este primeiro projeto, você escolha se livrar dos pensamentos sabotadores, aqueles que o fazem enxergar o copo meio vazio, um futuro pessimista. Ao assumir o controle e aceitar a responsabilidade, você instalará automaticamente o *mindset* de crescimento e começará a agir de maneira positiva.

Em Nova York, na manhã do dia 11 de setembro de 2001, uma mulher chamada Beatrice Thompson chegou ao World Trade Center, onde ela trabalhava. Ela planejava pegar o elevador para subir ao seu escritório no 85° andar, mas percebeu que tinha esquecido seu crachá de identificação. Ela decidiu buscá-lo em casa e, como resultado, não estava no edifício quando os aviões atingiram as torres.

A decisão de Thompson de sair do prédio para pegar seu crachá pode ter parecido um contratempo no momento, mas acabou salvando sua vida. Aqueles que estavam nas Torres Gêmeas durante o ataque tiveram de enfrentar condições terríveis e muitos perderam a vida. Thompson foi uma das poucas pessoas que escaparam ilesas do ataque.

Esse exemplo mostra que é simples vermos algo positivo no meio de um evento negativo. É interessante perceber que a universidade de Harvard tem um curso sobre felicidade – que, aliás, é muito concorrido entre os alunos da instituição –, no qual há uma máxima bem clara: a felicidade está diretamente relacionada a como o indivíduo encara determinado desfecho. Neste caso, enquanto uns consideram o azar de ter esquecido o crachá, outros verão a possibilidade de evitar um mal maior. Grande parte dos grandes sucessos do mundo entendeu que os reveses da vida foram seus momentos mais importantes.

Como um Superstar, acredito que seu maior desejo seja ter um *mindset* de crescimento, uma mentalidade ambiciosa e que sabe que você fará tudo para realizar o que deseja e se tornar a pessoa que sempre desejou se tornar.

Princípios. Quando estamos trabalhando nossa mentalidade, um princípio que sempre gosto de trazer é: quanto mais interesses você tem, mais interessante você se torna. Eu verdadeiramente acredito que conteúdo é fonte de poder, e detê-lo fará com que encurte o caminho do sucesso e aproveite muito mais o percurso também.

Então, com base no que você estabeleceu como grande objetivo, a quais temas você deve se dedicar para se tornar cada vez mais competente e capaz de ser a pessoa com os recursos para tornar seu projeto de vida ideal realidade?

Alguns princípios que podem inspirar você a fortalecer sua mente e desenvolver as habilidades necessárias para ser um Superstar são os seguintes:

O SEGUNDO PILAR: MENTE   **159**

1. Dez mil horas são necessárias para dominar algo com maestria, segundo o livro *Outliers*.

2. Ler é uma imersão praticamente gratuita.

3. Aprenda com o percurso dos outros, bem como com livros, podcasts, documentários, entre demais materiais que podem ajudar nesse processo.

4. Tenha um *mindset* de crescimento.

5. Saiba que você não pode controlar todos os resultados, mas, sim, como os interpreta.

Poucas escolhas. Ainda seguindo o exemplo de construir um *mindset* de crescimento, imagine que você vá pedir a pessoa que ama em casamento e, bem neste momento, a luz acaba. Depois de tudo planejado à exaustão, você não deixará que esse problema o atrapalhe porque, diante de um objetivo, sua escolha é *assumir o controle para realizar aquilo com o que se comprometeu.* Então, se não tem luz elétrica, você usará velas ou mesmo a lanterna do celular para realizar o pedido. Talvez isso torne o pedido ainda mais romântico.

Neste ponto, quando trabalhamos a mente, o fundamento de menos escolha nada mais é do que: transforme crises em presentes.

Táticas e estratégia. Nossa mente é como o diretor do filme da nossa vida. Então, a estratégia é se tornar a cada dia uma versão melhorada de nós mesmos, sabendo que tudo não só inicia na mente, como continua lá para sempre. Sua estratégia, então, é seguir em melhoria contínua. E há inúmeras táticas disponíveis, como:

- Ponderar mais antes de reagir de imediato às situações que acontecem.

- Refletir sobre por que você age seguindo certos padrões para identificar como transformá-los.

- Praticar *mindfulness* ou quaisquer formas de meditação, para tomar consciência do seu presente.

- Utilizar um diário ou algo do gênero que possibilite registrar sentimentos e ações, que o auxiliarão em decisões futuras.

- Consumir material que amplie seu conhecimento sobre a mente humana. Um grande começo poderia ser o livro *Rápido e devagar*,[37] de Daniel Kahneman, ganhador do Prêmio Nobel de Economia. Nele o autor descreve como nossa mente toma decisões de maneiras muitas vezes irracionais e o quanto isso pode afetar nossos resultados na vida.

Antifragilidade. Uma mente antifrágil é aquela que se fortalece diante das dificuldades. A psicologia explica que carregamos em nosso cérebro um gatilho primitivo nomeado *lute ou corra*. Enquanto esse recurso interno existe para nos proteger diante dos perigos, para termos um rápido tempo de resposta, em alguns momentos nossa mente interpreta situações de tensão como um desses momentos de vida ou morte e acabamos por fugir de coisas que poderiam ser grandes oportunidades.

----

37 KAHNEMAN, D. **Rápido e devagar**: duas formas de pensar. Rio de Janeiro: Objetiva, 2012.

O SEGUNDO PILAR: MENTE   161

Então, desenvolver a antifragilidade é analisar o que o desafia e, em vez de fugir, enfrentar, superando-se.

Nascido no fim do século XIX na Europa, o pai desta grande personalidade era um empresário do ramo de energia que faliu, pois tinha investido no lado errado da história no que viria a ser conhecido como Guerra das Correntes, em que uma disputa acirrada entre a corrente contínua *versus* a alternada dividia o mercado. A alternada venceu e é utilizada até hoje. Quem estava do lado da corrente contínua perdeu, e, assim, seu pai quebrou.

Durante a adolescência, o garoto largou o curso de Elétrica, pois, segundo ele, isso acabava com sua criatividade. Então, realizou um exame para a Escola Politécnica Federal da Suíça, não atingindo o mínimo exigido em diversas matérias, mas sendo um prodígio em Matemática e Física. Casou-se cedo, teve filho e se divorciou em um momento histórico em que isso não era muito comum – aliás, teve diversos casamentos e divórcios. Um de seus filhos, Eduard, foi diagnosticado com esquizofrenia e internado em uma instituição de saúde mental.

Trabalhou por um bom tempo como funcionário público, na avaliação de pedidos de patentes na Suíça, mesmo sonhando em ser professor universitário, cargo que foi negado a ele por algumas vezes. Sua maior obra foi considerada na berlinda por muitos anos, sendo contestada pela maioria de seus pares, e rivalizava com a maior "verdade cientifica da história" e com o maior nome das ciências até então, Sir Isaac Newton.

Casou-se novamente, agora com sua prima de primeiro grau, emigrou para os Estados Unidos, para fugir do ambiente que geraria a Segunda Guerra Mundial, teve seus livros incluídos na queima de obras pelo nazismo de Hitler e sua cabeça foi colocada a prêmio pelo regime no valor da época de 5 mil dólares. Faleceu na América com 76 anos.

Quando nos deparamos com essa história, vemos uma vida sofrida e cheia de percalços, mas saiba que descrevi apenas alguns dos que pertencem à história do grande gênio da humanidade Albert Einstein. Conhecemos suas conquistas: o Prêmio Nobel, sua inteligência e genialidade. No entanto, quanto disso foi conquistado por meio do sofrimento e dos desafios que acabo de relatar? Isso é ser antifrágil, fortalecer-se na adversidade.

Modelar. Encontre mentores que possam guiá-lo a chegar aonde você busca com mais eficiência e eficácia. Neste ponto, o *mindset* de crescimento é fundamental porque é ele que o fará ter abertura para reconhecer que outras pessoas, outros conhecimentos, poderão ajudá-lo na jornada; a ter flexibilidade para implementar esses aprendizados em sua vida.

Quero também aproveitar este fundamento para lhe explicar a diferença, na minha visão, entre um professor, um coach e um mentor.

O professor tem como objetivo lhe apresentar algo que, na maioria das vezes, é um consenso (um senso comum de algo), sem que haja julgamento de valor do que é apresentado. Ele, então, estabelecerá alguma troca de conteúdo, mas não necessariamente acompanhará você enquanto aplica tudo o que aprendeu com ele em sua vida pessoal e/ou profissional. Na maioria das vezes, o professor traz conhecimentos externos e

O SEGUNDO PILAR: MENTE   163

tenta ajudar você a enxergar como eles se adequam ao seu cotidiano.

Já o coach tende, com base na sua experiência de vida e em um trabalho mais individualizado, a ajudar você a identificar seus talentos, aptidões e recursos internos para realizar o que deseja. Ele está mais preocupado com as suas análises do que em, necessariamente, fazê-lo aprender alguma técnica nova.

O mentor, por sua vez, é uma pessoa cuja experiência prática inspira você. É uma figura que trilhou o caminho que você quer trilhar, tem experiência em uma área específica que para você ainda é um ponto de fragilidade e pode lhe oferecer um mapa prático a seguir. Você pode, inclusive, ter vários mentores para assuntos e temas diferentes. No livro já mencionado *Quem pensa enriquece*, Napoleon Hill chama isso de *mastermind*. Ele sugere que você crie uma banca de mentores com até doze participantes que o ajudarão a alcançar todos os seus sonhos. Que ferramenta maravilhosa, não é? Poder ser assessorado pelas maiores lendas de que já ouviu falar.

Sabe uma coisa interessante? Mentores não precisam estar fisicamente perto de você nem saber que você existe. Podem até já ter morrido. O que importa é ter o caminho deles como inspiração, e não uma ordem de serviço. Então, seus mentores podem se fazer presentes por meio de livros ou vídeos, por exemplo. O importante é que você tenha uma postura ativa e intencional na busca pelas experiências que eles tenham a compartilhar e que realmente se comprometa em aplicar seus aprendizados.

Meu objetivo aqui não é dizer quem é melhor ou pior (professor, coach ou mentor), ou mesmo o que funciona ou não, mas deixar claro que existem modos diferentes de transmitir conhecimento

Atitude. Seja esponja e sugue tudo o que consumir referente aos seus sonhos: ouça, leia, assista, pratique, escreva e mentalize. Antes de tudo, porém, certifique--se de estar em um ambiente de abundância e de valor – a maneira mais rápida de mudar e obter resultados diferentes é alterando seu ambiente, tanto físico quanto on-line.

Ter a mente aberta ao novo e ao inesperado o deixa preparado para todos os cenários possíveis – e também põe sobre você a fama de ser um realizador. Essa é uma senha para o sucesso: todos gostam de estar perto de um realizador, pois sabem que ele sempre entregará mais do que esperam dele. No entanto, não se esqueça de que a única coisa que realmente altera um resultado é uma ação, pois teoria e conhecimento pouco têm serventia se não os aplicar e corrigir no meu do processo.

RIQUEZA COMO ESTADO MENTAL

Antes de seguir para o próximo capítulo, quero fazer uma reflexão sobre como a riqueza está atrelada à mentalidade.

Já pensou na diferença entre ser rico ou estar rico? Ou, ainda, entre ser pobre e estar pobre? Talvez você ache essas questões confusas, então vou explicar. Normalmente as pessoas analisam riqueza e pobreza apenas em relação ao saldo bancário, mas, para mim, essa é uma análise superficial.

O SEGUNDO PILAR: MENTE   165

Uma pessoa pode estar rica agora, mas ser pobre. Ou estar pobre agora, mas ser rica. O que quero dizer com isso é que a diferença entre ser rico ou ser pobre está na mente.

Quando uma pessoa é rica, mas está pobre, traçará um plano para mudar essa situação. Ela pensa e age como rica, portanto gasta menos do que ganha e investe em coisas que lhe darão dinheiro lá na frente (ativos). Já alguém que é pobre, mas está rico, agirá e pensará como pobre, ou seja, gastará mais do que pode e investirá apenas em coisas que lhe tirarão dinheiro ao longo do tempo (passivos).

Nós já falamos em outros capítulos que um Superstar, alguém que está construindo uma vida válida, não tem uma postura na vida de se conformar com o sofrimento, com as faltas. Ao contrário, assume o preço de viver o desconforto hoje para ter algo melhor lá na frente. É uma pessoa com mentalidade de prosperidade.

Então, para fechar este capítulo, quero dizer a você: não precisa mais viver a semana esperando a sexta-feira, o happy hour ou a aposentadoria para ter um pouco de desfrute da vida. Ao ter uma mente de crescimento, riqueza e prosperidade, você sabe que os desafios são temporários, que você é capaz de desenvolver todo o conhecimento necessário para se tornar o que sonha, desde que mantenha a disciplina de seguir as boas referências que escolheu para modelar. Siga seus princípios e tenha atitude sem nunca esquecer seu grande porquê.

O TERCEIRO PILAR: BOLSO

Viajar, comprar um carro, ter uma casa própria, casar-se com uma festa inesquecível são sonhos legítimos. No entanto, o que me entristece é ver pessoas que se afundam em dívidas para realizar esses projetos que, em vez de trazer uma felicidade imensurável, acabam gerando muito estresse. Não serei o primeiro nem o último a falar que falta educação financeira em nosso país. Justamente porque, a maioria de nós, ao longo da vida, só aprende a comprar passivos – coisas que tiram dinheiro do seu bolso – em vez de aprender a investir em ativos – coisas que nos geram dinheiro.

É assim que tantas pessoas se enrolam com empréstimos e dívidas em cartões de crédito e afins. Já comecei a falar no capítulo anterior sobre prosperidade e a importância de ter uma mentalidade orientada para geração de riqueza. Isso significa que, ao receber algum dinheiro, antes de consumir bens e produtos, primeiro você se paga, ou seja, investe em algo que lhe trará retornos futuros.

Quando larguei a minha carreira na odontologia, mergulhei no mundo financeiro. Neste capítulo, trarei alguns fatores incontornáveis para quem quer ter mais prosperidade. Com base nesse conhecimento, você verá como aplicar os sete fundamentos para o algoritmo do sucesso e terá tudo de que precisa para alcançar um novo patamar financeiro.

O que a maioria das pessoas não sabe é que há uma fórmula matemática comprovada de como enriquecer – e o mais lindo é que, como tudo nas Exatas, ela é confiável e simples:

FÓRMULA DA RIQUEZA = APORTE × TAXA DE RETORNO × TEMPO

Essa fórmula é a representação de como funcionam os juros compostos. Vamos entendê-la a seguir.

Aporte: é a quantia de dinheiro que você vai aplicar em períodos constantes, digamos, a reserva que fará todos os meses a partir de agora. Esse aporte não precisa ser resultado apenas de uma economia nos seus gastos, pois, como vou falar mais à frente, você também pode criar múltiplas fontes de renda. Então, em vez de gastar menos, você poderá *ganhar mais*. Pense no aporte como a semente de uma árvore que, se plantada em um bom terreno e com um bom cuidado, renderá ótimos frutos em um futuro próximo.

Você deve ter ouvido por muito tempo que dinheiro não dá em árvore, mas perceba que isso foi dito por um pobre, até porque quem entende de grana sabe que dinheiro pode, sim, dar em árvore, se souber como e o que plantar e como cuidar até a colheita.

Taxa de retorno: muitas vezes é chamada de taxa de juros, mas significa o percentual de lucro que você receberá por ter feito o aporte. É a remuneração pelo seu investimento.

Para ficar simples de entender: imagine que você possui um imóvel cujo valor de compra foi de 1 milhão de reais. Este foi seu aporte. Então, você o alugou por 5 mil reais ao mês; logo, este é o seu retorno, que representa uma taxa de 0.5% ao mês. Além desse retorno predeterminado com o inquilino, pode ser que, depois de alguns anos, esse imóvel tenha valorizado e, então, ao vender, você terá ainda mais lucro.

É por isso que eu gosto de dizer que investir é ser parte de um ecossistema de abundância. A partir do momento que você começa a investir – e não importa a quantia –, isso já causa um impacto muito grande, pois você estará construindo sua riqueza. Existem diversas classes de investimento e cada uma delas trará taxas de retorno diferentes. Investimentos mais seguros, como em renda fixa, trazem taxas pré-acordadas e, portanto, são mais seguros. Investimentos em renda variável são mais voláteis, embora seu potencial de rentabilidade seja maior. A educação financeira é fundamental para entender essas diferentes modalidades e traçar um plano de investimentos com diversificação a fim de que você possa ter proteção em todos os momentos de ciclo do mercado. Assim, a taxa de retorno está ligada ao terreno em que será plantada a semente do aporte. Quanto mais preparado estiver o solo e quanto mais conhecer sobre ele, maior será o retorno esperado.

Tempo: é o período em que manterá os seus investimentos ativos. Quanto mais tempo você deixar o dinheiro aplicado, maior seu potencial de retorno. Esse é o ponto mais importante do processo. Se tivesse que escolher entre ter muito aporte ou ter muito tempo, sem dúvida alguma ficaria com a segunda opção, sobretudo porque a matemática comprova isso, e também porque teria mais tempo para desfrutar do que importa: da própria vida.

Se iniciasse um plano de enriquecimento agora, aportando 1 mil reais, com uma taxa de retorno de 1% ao mês, por um período de dez anos, teria 233 mil reais depois desse período. Óbvio que aqui não estou descontando a inflação, que é o aumento generalizado dos preços, e o ajuste no aporte para que você não perca poder de compra. É apenas para você entender o potencial da fórmula da riqueza.

Agora, se em vez de dez anos, você realizasse esses aportes por trinta anos, com a mesma taxa de retorno, o resultado seria de 3,5 milhões de reais. É isso mesmo, você seria um milionário – somente por ter esperado mais tempo. O mais interessante é que teria aportado, em trinta anos, 360 mil reais, durante 360 meses – e teria recebido de juros 3,2 milhões, dez vezes mais do que o aporte. Isso na prática seria dizer que você teria de trabalhar para aportar 360 mil reais com seu esforço e o dinheiro iria trabalhar para você. Sem você ter de fazer nada, ganharia mais 3,2 milhões de reais. Esse é o motivo de você ouvir que dinheiro chama dinheiro. Sim, isso é verdade.

Há uma máxima na aviação, que reconhecidamente é a área humana de maior foco em controle de riscos, que diz: *quem tem 2 só tem 1, quem tem 1 não tem nenhum.*

Isso é dito para salientar a importância da redundância na segurança das coisas. Logo, instalo dois cabos de aço para segurar um elevador em um edifício, porque mesmo sabendo que um só já seria o suficiente, se ele falhar, a redundância entrará em ação. O mesmo no caso de um avião bimotor – que, na falha de um motor, tem o outro para dar conta do recado. O mesmo princípio deve ser levado em consideração em todos os campos da vida – principalmente no mais importante deles, que é o financeiro. Se você só tem uma renda – não importando de onde ela venha –, está voando com um motor só. E claro, se ele falhar, você terá dificuldades de sobreviver. Por isso, eu defendo que os Superstars busquem ter **múltiplas fontes de renda**.

As rendas são separadas como ativas – aquelas em que você trabalha para obter – e passivas – em que o dinheiro trabalha para você. Os investimentos são uma fonte de renda passiva, enquanto trabalhos extra, por exemplo, são fontes de renda ativas. O segredo é virar um colecionador de ambas. Quanto mais tiver melhor, pois, além de ampliar seus ganhos, também reduz o risco – porque estará diversificando os ganhos, e isso também traz um grande valor consigo: a paz.

Quanto melhoraria sua vida ter diversas rendas e saber que, não importa a situação, ainda assim teria recursos para viver a vida de seus sonhos?

Então, vamos agora aplicar os sete fundamentos ao seu bolso.

O porquê. Ter independência financeira, como um dos mecanismos para o poder de escolha. No entanto, o caminho para construir a riqueza demanda disciplina, tempo e esforço, pois é assim que poderá gerar múltiplas rendas e fazer o seu dinheiro trabalhar por você. No entanto, acredito que se tornar uma pessoa rica e ter muito dinheiro deve ser algo como resultado de uma razão maior. Você não quer ter dinheiro pelo dinheiro em si, mas por tudo o que ele pode lhe oferecer. Então, escreva:

Você está decidindo hoje a construir sua riqueza porque

_____

_____

_____

Para mim, dinheiro é a ferramenta que compra a liberdade que eu quero, permite que eu viva de acordo com o estilo de vida que acredito e, ainda, possa ajudar os outros.

Princípios. Para enriquecer, há um princípio básico, simples e claro, puramente matemático e lógico; logo, exato. É a fórmula da riqueza que lhe mostrei há pouco. Além da fórmula dos juros compostos, que é um princípio trabalhando ao seu favor, outro princípio é que, quanto mais dinheiro você ganha, mais fácil fica para ganhar mais – pois tem mais oportunidades, crédito, conhecimento, confiança e muito mais juros compostos. Importante salientar que para obter aporte, que é o primeiro passo, deve, como princípio, gastar menos do que ganha, o que pode ser encarado de duas maneiras: economizar e gastar menos, ou ganhar mais para que reste um saldo. Para mim, a escolha foi sempre simples: nunca quis gastar menos. Muito pelo contrário, quero mais e melhor. Assim, foco múltiplas rendas para que minhas entradas superem – e muito! – meus gastos. E o melhor de tudo é que, quando se atinge a renda passiva, aquela em que não precisa

O TERCEIRO PILAR: BOLSO   **173**

trabalhar para obter, pode comprar o que sempre sonhou, sabendo que o dinheiro não veio de seu suor e tempo de vida, e sim de sua plantação de ativos.

Então, quero que você comece a colocar a fórmula da riqueza para funcionar.

A partir do próximo mês, quanto você começará a aportar para construir um futuro de prosperidade?

_____

Em quanto tempo quer alcançar a liberdade financeira?

_____

_____

Ao final desse tempo, quanto deseja ter construído de patrimônio?

_____

_____

Quais são as suas oportunidades de gerar múltiplas rendas a partir do próximo mês?

_____

_____

Pronto, você acabou de traçar o seu plano financeiro. *Poucas escolhas.* Ter ou não ter o controle da sua vida financeira, esperar e confiar no destino ou desenhá-lo com as próprias mãos?

Você tem uma escolha: assumir as rédeas e ir para onde deseja ou deixar que o cavalo decida. Com o plano que você escreveu no fundamento anterior, agora suas escolhas serão baseadas em priorizar tudo o que lhe aproxima das metas que você traçou para o seu dinheiro. Mesmo que isso signifique, por exemplo, diminuir as despesas em datas comemorativas, fazer viagens mais econômicas em família, pensar muitas vezes antes de pedir mais um delivery de comida. Como eu já disse inúmeras vezes: há dor no crescimento, mas o resultado futuro vale a pena!

Táticas e estratégia. A estratégia aqui será gastar menos do que ganha e investir o máximo possível em renda passiva com a compra de ativos, garantindo que obterá um retorno de investimento acima da inflação.

Algumas táticas que você pode aplicar para tornar essa estratégia realidade são: investir em empresas boas pagadoras de dividendos e reinvestir os proventos; ao mesmo tempo, se livrar dos passivos que tiram dinheiro do seu bolso mês a mês e que dificultam o processo de acumulação de riqueza, como dívidas de consumo. Manter esse plano até a independência financeira, que, para mim, não é algo jogado ao vento e subjetivo, mas uma quantia exata, que é:

_____

_____

_____

_____

_____

INDEPENDÊNCIA FINANCEIRA =
RENDA PASSIVA MAIOR OU IGUAL AO CUSTO DA VIDA DOS MEUS SONHOS

Compra de imóveis e fundos imobiliários podem retornar renda passiva em forma de aluguéis e valorização do bem. Veja que é importante notar os juros compostos desse caso, pois, além da valorização do imóvel, com o tempo o mesmo ocorre com o valor do aluguel. Se você tem um imóvel de 1 milhão de reais e ele rende 0,5% ao mês, terá 5 mil reais de aluguel. Quando esse imóvel vai para 5 milhões de reais com a valorização do tempo, seu novo aluguel será de 25 mil reais. Pense que você poderia utilizar essas entradas como semente para comprar novos imóveis, entrando assim no ciclo da riqueza.

Outra tática muito utilizada são os títulos, tanto os públicos como o tesouro direto. Quanto aos privados, como um CDB ou mesmo debentures, esses podem ter seus retornos pré-fixados, aqueles em que sabemos quanto ganharemos de retorno até o final do prazo de investimento, ou mesmo pós-fixados, aos quais poderá haver variação no retorno de acordo com diversas variáveis.

Antifragilidade. Não vá se culpar por não ter começado a investir antes ou ainda não ter uma reserva de patrimônio que lhe dê segurança e tranquilidade. Ao contrário, pegue todos os erros do passado e os transforme em motivação para virar o jogo o mais rápido possível. Aprender com as falhas e com a dor é a grande divisa. Em geral, estudar os fracassos é mais rentável que os sucessos. Não sou somente eu que digo isso, todos os vitoriosos tendem a focar seu aprendizado mais no fracasso do que na glória, e isso vira um superpoder.

Modelar. Quando ainda era um adolescente, eu tinha a certeza de que não pertencia àquele mundo em que estava inserido. Assim, resolvi mudar de ambiente para buscar novos resultados. Eu não conhecia ninguém que tivesse o mesmo nível de prosperidade com o qual sonhava para mim, então tive uma grande ideia: comprei uma edição da revista *Forbes* cuja matéria de capa tratava das cem pessoas mais ricas do planeta.

Pronto, agora eu conhecia não apenas uma pessoa que estava onde eu gostaria de estar, como cem. Esse era o um mapa da mina. Estudei a vida de cada uma daquelas pessoas, com todas as informações que poderia encontrar, e comecei a imitá-las. Em cada decisão da vida, ainda hoje me pergunto como o fulano da página 72 da *Forbes* resolveria algo. Isso transformou minha vida e meus resultados. Então, modele suas referências de sucesso financeiro.

Atitude. Priorize sempre agir de acordo com uma mentalidade de abundância e riqueza. E feche os ouvidos para todas as pessoas que não tenham o mesmo objetivo que você e fiquem desestimulando seu foco para construir riqueza. Agora o ponto mais importante de todos é saber que sempre o melhor momento para iniciar algo é agora, neste exato momento, então: como mencionado antes conte 1, 2 e 3 e comece agora!

O SEGREDO DOS MILIONÁRIOS

Você já entendeu que os juros compostos são a força motriz do enriquecimento e da liberdade financeira. Quanto a isso não há dúvida alguma. Agora, como fazer para usufruir disso e fazer a máquina girar? Bem, é aqui que entra a consistência. O montante faz pouca diferença nesse momento; o que mais importa é aportar todos os meses, por um longo período de tempo, cujo impacto eu já mostrei aqui.

Acredito que já nesta parte do livro você deve estar fazendo seu planejamento para conseguir enriquecer e ser livre – e a fórmula da riqueza com certeza mexeu com a sua cabeça, assim como mexeu com a minha quando iniciei.

Agora, já alguns anos à frente, posso afirmar que a vida real tende a ser mais fácil do que essa teoria, pois você vai se motivar com o resultado e começará a aportar mais. Inevitavelmente, também vai aprender mais sobre o tema e vai auferir retornos maiores, ficando a cada dia mais disciplinado e consistente, como uma máquina programada para enriquecer. Quem poderá segurar você?

A cada momento há mais dinheiro em circulação. Neste exato momento, temos a maior quantia de dinheiro circulante da história, ela só fica mal distribuída – ou não de acordo com o que você acha justo. Quando conversei sobre isso com alguém que tinha muito dinheiro e eu admirava, ele disse:

"O dinheiro é abundante e gosta de gente abundante. Da próxima vez que for buscar muito dinheiro, não tente fazê-lo economizando no cafezinho, mas dê uma belíssima gorjeta ao seu garçom. Isso ativa a roda da economia e faz com que sua mente se altere para ganhar mais, gastar mais e doar muito mais."

Esse conselho fez eu me sentir imenso e desde aquele dia pratico isso em minha vida – e me tornei muito mais próspero por esse motivo. Assim como espero que você também se torne.

CELEBRAÇÃO

Há alguns anos, enquanto eu ainda tinha uma rede de clínicas que crescia rapidamente no Brasil, muitos olhares estavam em mim, óbvio. Era um fora de série, muito jovem, com muito sucesso – claro que atrairia atenção. Nesse momento, um jovem dentista que acabara de iniciar estágio em uma de minhas clínicas me fez um pedido inusitado:

— Desculpe, mas eu poderia lhe pagar um café? — perguntou ele, com desconforto, mas com determinação.

De cara, isso já chamou minha atenção. Até porque, como empresário, quem costumava pagar as contas sempre fui eu. Fiquei curioso e disse:

— Claro, quando gostaria de ir?

Ele retrucou:

— Pode ser agora?

Eu resolvi apostar em meu instinto.

Fomos até um café próximo ao local de trabalho e ele me fez uma pergunta direta, sem rodeios, como puxar um esparadrapo de um ferimento:

— Como eu faço para ser igual a você?

Essa pergunta me deixou intrigado.

— Mas como igual a mim? Sou um cara normal, sem nada de especial, e me considero um bosta ainda.

Ele foi enfático e falou:

— É isso, se você é um bosta, quero ser um bosta como você.

Esse desafio me despertou tudo que sempre acreditei que seria, uma ferramenta de mudar vidas. Assim, propus um acordo com ele, que foi:

— Bem, se você seguir tudo que eu lhe passar, garanto que não só terá meus resultados, como provavelmente será muito melhor que eu.

Ele aceitou de pronto, e a partir daquele segundo nossas vidas começaram a ser as mesmas. O conceito de corpo, mente e bolso foi passado a ele de modo detalhado. E quanto mais eu fazia isso, mais eu aprendia no processo, pois, sem dúvida alguma, a melhor maneira de aprender é ensinando alguém. Eu lhe pedi uma coisa:

— Qual é sua primeira meta?

Na real, perguntei por protocolo, pois sabia exatamente o que ele iria dizer, assim como o fez:

— Quero ter 1 milhão de reais até os 50 anos.

Nesse momento, ele tinha 21 anos e era recém-formado em Odontologia, com zero capital e um salário de 1.500 reais mensais.

— Então vamos lá — comecei. — Primeira regra, e nunca mais se esqueça dela: aqui é proibido sonhar

CELEBRAÇÃO **181**

pequeno, então vamos atingir essa meta muito mais rápido do que o previsto. Até porque quando sonha grande e manda a meta para as estrelas, pode até ser que não as alcance, mas já chegará à Lua.

A cada decisão da vida dele, ele me procurava e decidíamos juntos o melhor caminho a seguir. Cerca de três anos depois daquele cafezinho, ele me convidou novamente, agora para um jantar no restaurante mais nobre da cidade. Ao terminar a ceia, ele disse:

— Esse jantar é o dia da comemoração.

Eu pensei: *Comemoração de quê? Será que esqueci alguma data?*

— Mas o que estamos comemorando? — perguntei.

Ele, com uma calma assustadora, como a do Mike Tyson no ringue de boxe competindo contra um coitado, explicou:

— Já cumpri a primeira meta, já fiz meu primeiro milhão.

Assim, passo a passo, ele foi prosperando e se lapidando – nunca esquecendo a regra número 1, "é proibido sonhar pequeno". Assim viramos sócios, sonhando em milhares, depois dezenas de milhares, depois centenas de milhares, milhões, dezenas de milhões, centenas de milhões...

Entendeu, não é?

Posso lhe garantir que o que disse a ele foi o mesmo que transmiti a você nas páginas anteriores. No entanto, você deve querer me perguntar: *Mas se eu seguir exatamente tudo o que você passou, você garante que eu serei um sucesso?*

Não, não tenho como lhe dar essa certeza, porém posso garantir que, se você continuar fazendo o que vem tentando até agora, com certeza terá o mesmo resultado que vem tendo – e isso por si só já deve ser um motivo para agir.

No momento em que escrevo este capítulo, aquele menino está me visitando aqui em Roma, no quarto ao lado, sonhando em chegar ao bilhão. Não porque precisa, mas porque agora ele sabe que pode e quer. Ou chegamos à nossa melhor versão possível, ou nosso trabalho aqui na Terra não dará o fruto que poderia – e, na minha visão, não existe pecado maior do que desperdiçar a vida.

Vale ressaltar também que, em grande parte do caminho, o mundo impôs dúvidas para ele: *Será que daria para confiar? Funcionaria mesmo?* Mas, como um antifrágil, ele considerou as dores como parte do processo e tirou histórias positivas até dos reveses – e, assim, encontrou sua verdade.

Assim como o dr. Roberto foi um farol para mim quando eu estava perdido e não sabia para onde ir, acabei sendo o norte para o Carlos, e agora para você. Lembre-se da máxima: você é a média das pessoas com quem mais convive.

Agora você convive conosco, com a nossa tribo. E, a partir deste momento, nada mais o segura. Em pouco tempo, quando reler este livro, verá que nem se reconhece mais, em comparação à pessoa que o leu pela primeira vez. Assim, terá uma missão dividida comigo. Será sua vez de mudar vidas e transformar pessoas. Pois, como eu disse anteriormente, não podemos mudar o mundo, mas podemos ajudar as pessoas a serem melhores para o mundo.

ATITUDE DE SUPERSTAR

Quando relatei a história de Phelps, mencionei que ele parecia ter sido feito para nadar, tal qual um projeto especial. E há outra história que quero lhe contar, de um herói que nasceu projetado para vender. Isso no sentido amplo da palavra: não só vender um produto, mas uma paixão e uma atitude. Determinado a se tornar um Superstar e sendo filho de músico, ele desenhou um objetivo claro em sua mente: impactar multidões e ser a estrela do palco. Com uma veia artística muito forte, ele se dedicou à carreira, estudando música e participando de bandas de rock, com um considerável sucesso. No entanto, como um antifrágil, modelou-se para fazer o sonho se concretizar em qualquer cenário possível. Descobrindo um mercado pouco explorado no Brasil e de baixa criatividade regional, começou a importar óculos de sol e vendê-los, mas seu sonho era voar muito mais alto.

Com o tempo, sua paixão pelo belo e pelas artes fez com que ele fizesse os próprios modelos, que viraram peças de desejo para muitas pessoas. Sua sagacidade o ajudou a modelar outros mercados e implantar o sistema de *franchising*, principalmente com quiosques em diversos pontos comerciais. Mas seu plano não era só dinheiro e negócio – ele sempre foi e será um artista; assim, seus colaboradores não eram funcionários, mas aquela legião com a qual ele sempre sonhou.

Basta passar em frente a qualquer loja dele, que reconhecerá seus colaboradores de longe. Em certo momento de sua expansão comercial, ele alugou um jato particular para passar no máximo de lojas possíveis – assim como um *rockstar*. Seus eventos de franqueados e colaboradores são como um Rock in Rio corporativo, em que a estrela principal sempre é ele mesmo – não importando com quem divida o palco.

Ele nunca desistiu de seus sonhos, mesmos nas dificuldades. Esse herói é Caito Maia, fundador e CEO da Chilli Beans, que hoje possui mais de mil pontos de vendas e faturamento anual próximo a 1 bilhão de reais. Ele é líder no mercado de óculos escuros no Brasil, à frente das gigantes internacionais como Ray-Ban, multinacional americana que, a propósito, é líder em todos os países do mundo em que opera – com essa única exceção.

No meio de todo esse processo de glória, Caito entrou para o famoso programa de televisão *Shark Tank Brasil*, o que fez com que virasse uma celebridade nacional. Hoje, ninguém mais tem dúvida de que ele é um sucesso e um grande Superstar.

Grande parte das pessoas acredita que uma boa ideia é vital para o sucesso e as realizações, no entanto ideias sem realização não valem nada. Esforço significa pouco; fé pode ajudar, mas não resolve. Agora, com a atitude certa, você pode dominar o mundo e tudo mais o que desejar.

Caito é um exemplo claro de que a determinação em realizar um sonho faz com que nós encontremos caminhos para o alcançar, pois a jornada nem sempre é exatamente do jeito que imaginamos, mas na maioria das vezes levará ao mesmo destino: o palco, aplausos, pedidos de selfies, entrevistas, fãs, reconhecimento e brilho. O que foi sonhado por Caito um dia, hoje é parte de sua rotina e ele sabe que o show ainda nem começou.

VALOR DE UMA IDEIA

Outro grande empreendedor brasileiro, depois de voltar de um período de trabalho nos Estados Unidos, trouxe para o país um novo negócio – que consistia em entregar comida asiática dentro de caixas de papel, algo que ele tinha modelado dos norte-americanos. Essa atitude de abrir um negócio, contratar pessoas, criar processos, arriscar capital, despender tempo, fazer a comida e vendê-la fez com que ele obtivesse um resultado estrondoso, criando um império de alimentação e franquias no país.

Ele relatou certa vez:

— Eu estava, certo dia, em uma feira de franquias apresentando nossa recém-aberta e já bem-sucedida empresa. O estande estava lotado, com muita gente interessada. Pudera, era novo, bonito, ótimo produto, todos amavam e, para ajudar, muito rentável. No meio da tarde, um senhor chegou até mim e disse: "Nossa, eu tive a mesma ideia que a sua, quando vim dos Estados Unidos, há algum tempo". Nisso, eu respondi: "Você pode até ter tido a ideia, mas a diferença é que eu fui lá e fiz".

Esse relato é de Robinson Shiba, da China in Box.

Eu trouxe essas duas histórias para lhe perguntar: compreende o poder da atitude?

Você já conhece o algoritmo 7 + 1 e sabe que, depois de ter conexão com seu porquê, determinar os princípios que guiarão suas decisões, priorizar poucas escolhas alinhadas aos seus sonhos, ser um antifrágil, modelar bons exemplos, ter estratégia e táticas coerentes, além de atitude, esses recursos se tornarão cada vez mais poderosos à medida que você transformar essa sequência em hábito.

Esse método é simples e lógico, mas depende totalmente de sua ação, como deveria ser. Não deixe que o tempo, que é nossa maior arma, se vire contra você – pois em menos de 72 horas depois de ler este livro, sua mente o esquecerá e a urgência de mudar que está sentindo agora dará lugar àquele comodismo que você já conhece, aquele conforto de ficar onde e como está. Não peço que dê um grito de liberdade, mas que aja com amor-próprio e manifeste o que veio fazer na Terra: ser a sua melhor versão a cada dia.

Se continuar a agir do mesmo modo, sempre terá o mesmo resultado; assim, nunca será realizado. Manter-se estagnado é uma prova de desistência e falta de amor-próprio.

Agora, você sabe que a chave está em suas mãos e conhece onde, quando e por que usá-la. Só falta a parte mais importante: "1, 2 e 3, faça". Simplesmente faça o que deve ser feito e experimente a vida que sempre sonhou.

MENSAGEM FINAL

Muito obrigado por você ter sido a motivação para que eu escrevesse este livro. Sim, você foi meu motivo para agir e, com isso, revisitar a fórmula que transformou a minha vida, assim como a vida de milhares de pessoas que a testaram nos últimos anos. Creio que você será o próximo. Como já mencionei antes, acredito que se transformar em sua melhor versão é a melhor maneira de ajudar e desenvolver o todo em sua volta e, em última instância, mudar o mundo – o que seria um belo propósito. Não se esqueça de que o método é muito poderoso, porém só gerará o resultado pretendido se for aplicado com disciplina, pois, da mesma maneira que a academia só funciona se você fizer exercícios regularmente a longo prazo e com consistência, com o método, seu resultado só virá com essa mesma determinação.

Quando me formei em Odontologia pela Universidade Federal do Paraná, achei que meu futuro estava selado e que a maior decisão já tinha sido feita. Curiosamente, fui escolhido para ser o orador da turma. Estavam lá todos os familiares convidados, para o momento mais importante de nossas vidas até ali. E eu comecei meu discurso com um poema do escritor Carlos Drummond de Andrade, que dizia:

"Tinha uma pedra no meio do caminho, no meio do caminho tinha uma pedra".[38]

Tal qual uma premonição de como seria a vida, aprendi desde o começo que o jogo nunca está ganho e sempre haverá pedras no meio do caminho. O grande segredo da vida é saber se vamos fazer delas um obstáculo – e, assim, desistiremos – ou um trampolim – e nos elevaremos. Parece psicologia barata, mas é a mais pura e refinada ciência. Eu acredito que somos os autores de nossas vidas e nossos resultados e devemos assumir o controle para o bem e para o mal de tudo que fazemos, assim como temos o poder de definir como nos relacionamos com as pedras no meio do caminho.

Quando estava em meu auge, no meu primeiro negócio, com dezenas de clínicas, faturamento milionário, admiração e respeito dos pares, achei por um instante que tinha vencido o jogo. Todavia, quando o inverno chegou e meu despreparo e minha falta de amadurecimento arruinaram esse negócio, eu me vi sem dinheiro, crédito, admiração, amigos, respeito, motivação e assim por diante. No entanto, já no primeiro momento, sabia que só era a pedra – que eu

---

38 ANDRADE, C. D. **Antologia poética**. Rio de Janeiro: Record, 2022.

MENSAGEM FINAL 189

mesmo tinha avistado lá na cerimônia de formatura. Decidi levantar a cabeça, seguir o método – que estava em formação –, e hoje posso agradecer do fundo de minha alma pela perda e pela falência, pois sem elas eu jamais estaria aqui nessa versão que sou hoje. Isso tudo me permitiu liberdade, me mostrou que havia outro caminho, me levou a ser quem eu sonhava ser. E agora, quando olho para aquela imagem no espelho, desnuda, tenho orgulho do que conquisto a cada instante – porque agora o lema é muito simples: sempre agradecido, mas nunca satisfeito.

Agora, quando avistar outras pedras – e elas estarão lá –, não temerei mais, mas agradecerei a oportunidade de sair delas melhor e mais forte em direção à próxima. Esse é o espírito com o qual quero que saia daqui, pois com isso não só será um Superstar, como um super-herói – e nada é mais prazeroso na vida do que ter orgulho da versão que se tornou. Você virará uma máquina de realização – e espero que em breve possamos nos encontrar para você contar o que mudou em sua vida depois deste livro.

Nunca se esqueça de que nós atraímos aquilo em que acreditamos. Então, creia com todas as suas forças que você já é um Superstar e isso o levará aos seus sonhos muito antes do que espera.

O método que dividi com você é um mapa para conquistar o que mais sonha, mas não se esqueça de que a grande divisa está no que sonha, pois verá, quando aprender a realizar, que isso se transformará em uma ferramenta de novas conquistas em série. E é importante perceber que quanto mais atinge, mais desejará, mais oportunidades aparecerão e o ciclo da conquista estará ligado, talvez pela primeira vez, em sua vida.

Antes de me despedir, gostaria de deixar algo que me ajudou muito.

CARTA PARA VOCÊ

Todos os anos, enquanto as pessoas fazem aquelas promessas de fim de ano dizendo que irão para a academia, começarão aulas de línguas, farão cursos, abrirão negócios, viajarão, entre outras promessas vazias recicladas por toda uma vida sem nunca serem realizadas, eu envio uma carta – hoje, um e-mail – para mim mesmo.

Sei que parece maluco. *Enviar mensagem para você mesmo?* Sim, essa técnica faz com que tomemos consciência da versão que seremos. Em meu texto sempre envio uma mensagem me contando como estarei no futuro; assim, no fim do ano, reabro o e-mail e reflito sobre conquistas e frustrações. Se fizer o mesmo, verá o quanto isso será valoroso para sua vida. Parece uma sala dos desejos, ou um gênio da lâmpada; nesse caso, porém, quem fez a mágica foi você mesmo. Ao fim deste livro, desligue o julgamento e escreva essa carta para si mesmo contando como estará daqui a um ano. E surpreenda-se com o resultado.

Espero que você tenha chegado a este ponto do livro com sua mente transformada e com a clareza de que de fato é o escritor da própria história e que, ao assumir a responsabilidade de seus resultados, será diferente da média. Isso, por si só, já é um grande resultado! Em

MENSAGEM FINAL

algum momento quando se sentir preparado, gostaria que me contasse como foi a aplicação de tudo que aprendeu aqui, porque, como mencionado, se ficar somente na teoria não haverá valor nesta leitura.

Agora mãos à obra. Eu o encontro no topo do sucesso!

Estou torcendo por você,

Luiz Hota

Este livro foi impresso pela Gráfica Rettec em papel polen bold 70g/m³ em junho de 2023.